新 ベターホームのお料理一年生

ベターホーム協会

この本を使われる方に

生活様式の変遷とともに、家庭での食のようすは様変わりします。

ベターホーム協会は、長年に渡る料理教室の経験から、時代に則した家庭調理のノウハウを本にまとめています。

『お料理一年生』は家庭料理の基本書。初心者の方がわからないこと、ベテランの方が迷っていることを網羅した本です。

お伝えする内容は、食材の知識や扱い方を中心に、包丁のかまえ方や計量のし方、冷凍の方法、献立のたて方、あとかたづけ、キッチンの衛生や安全など。お料理を作ることだけではなく、家庭での食の営み全般をとりあげています。

あなたのキッチンで〝すぐに役立ち、一生使える〟一冊です。

目次

食材の扱い方 魚介

食材の扱い方 肉・卵・乳製品

食材の扱い方 そのほかの食品

調理の基本とコツ

コラム

この本のレシピの表記について

計量の単位（㎖＝cc）
大さじ1＝15㎖
小さじ1＝5㎖

電子レンジ
加熱時間は500Wのめやす時間です。600Wなら加熱時間を0.8倍に、700Wなら0.7倍にし、ようすを見ながら加熱します。

グリル
両面焼き・片面焼きグリルを併記しますが、お手持ちの説明書に従ってください。

炊飯器・オーブンなど
レシピでは一般的なものを使用しています。炊飯器は浸水方法や水加減など、オーブンは加熱熱量などが機種によって異なるため、各機種の説明書に従ってください。

フライパン
フッ素樹脂加工のフライパンを使用しています。

だし
特に表記がない場合は、けずりかつお（かつおぶし）でとっただしを使います。だしのとり方はp.167で紹介しています。

調理の前に知っておきたいこと

調理を始める前に

料理を作るときは、清潔を心がけ、常に、火や刃ものの扱いに注意をはらいます。雑多な日常生活の中ではつい怠りがちですが、調理は安全が第一。気を引き締めましょう。

キッチンルール 1

安全な身なりで

長い髪も調理時はしばって、じゃまにならないようにする。

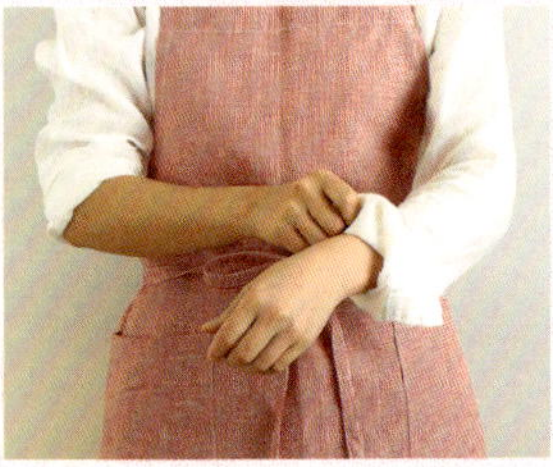

服装に気をつける。衣服の長袖はひじまでまくって、じゃまにならないように。毛羽だった素材やフリース素材などは、火が燃え移りやすいので避ける。

キッチンルール 2

手は清潔に

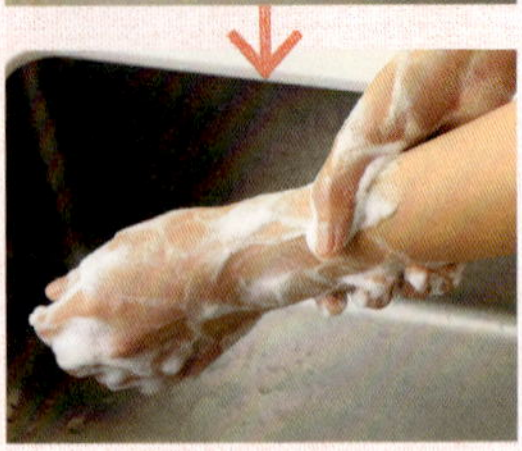

手はよく洗う。石けんをしっかり泡立て、下記の順にていねいに。指先は爪で反対の手のひらをかくようにするとよい。

❶手のひらと甲
（関節のしわの間も）
↓
❷指の間
↓
❸指先や爪の間
↓
❹手首
↓
❺流水で洗い流し、
清潔なタオルでふく。
（→ p.187 食中毒予防ポイント）

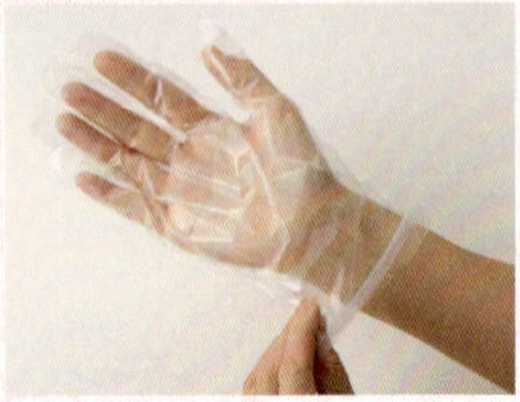

傷口、手の爪、指輪部分などには、食中毒の原因となる黄色ブドウ球菌が多数存在する。指輪はなるべくはずし、手指に傷があるときなどは、使い捨ての手袋をして調理する。

キッチンルール 3

キッチンまわりは整理し、清潔に

清潔なふきん類をそろえる。食器をふくふきん、台ふきん、手をふくタオルを区別して使う。いずれも毎日とりかえる。(→ p.184 道具類の手入れ)

調理台やシンクがすっきりした状態で調理を始める。キッチンにものがあふれていると、調理作業がしづらいばかりか、衛生、安全上のトラブルの原因に。

キッチンルール 4

火のまわりに注意する

火のまわりには余計なものを置かないのが鉄則。布類はもちろん、おたま、調理トレー、調味料類などすべて。柄や容器の変形、やけど、火災の危険を回避する。

鍋類の柄は、コンロ台からとび出さず、隣の炎があたらない安全な向きに置く。やかんの持ち手は立てて、炎に近づけないように。

キッチンルール 5

刃ものの扱いに注意する

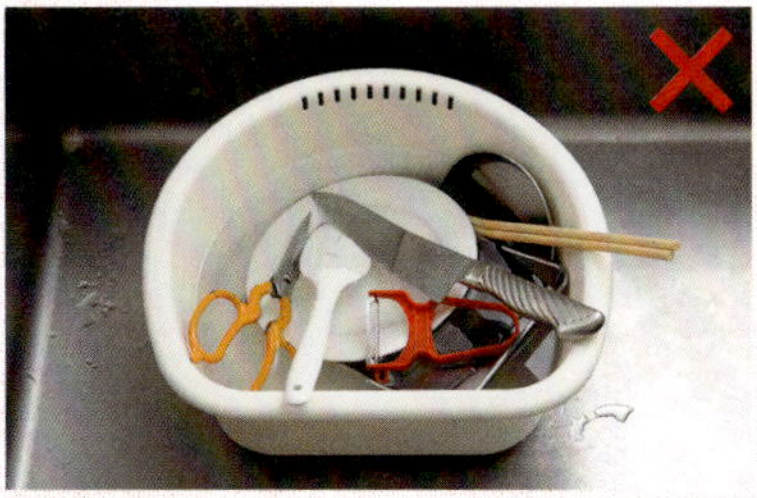

刃ものは危ないのでほかの道具とは別にする。包丁、キッチンばさみ、皮むき器などは、洗いおけや水きりかごに入れない習慣を。使い終わった刃ものはすぐに洗って収納する。

まな板、包丁は安定したところに置く。包丁の柄は調理台からとび出さないように。引っかかって包丁が落ち、けがをすることもある。包丁はまな板の向こう側や脇に置く習慣をつける。

かまえる・切る

包丁とまな板の扱いは調理の基礎。扱う前に、姿勢、かまえが大切です。

包丁の種類・各部分の呼び名

包丁の種類

- **万能包丁***
  肉・魚・野菜など
- **ペティナイフ**
  野菜・くだものなど
- **出刃包丁（片刃）**
  魚をおろす・肉や骨を切るなど

ミネ（背）
ごぼうの皮をこそげる

刃先
魚の内臓を出す。切りこみを入れる

刃元
じゃがいもの芽をえぐりとる

* 洋包丁の牛刀、和包丁の菜切り包丁などを由来とし、日本人に合ったサイズ、形の包丁が、現在広く使われている。ここではこれを万能包丁と呼ぶ。刃渡り 18㎝ほどの両刃の包丁。

（→ p.185 包丁のとぎ方）

まな板の扱い方

まな板を置く位置

- 調理台の端から握りこぶし 1 つ分くらい内側に置くと安全。
- まな板が薄くてすべりやすい場合は、しぼったぬれぶきんを下に敷くと安定する。

使用時の注意

- 食品の色やにおいがしみこむのを防ぐため、使用時はいったん水でぬらし、水気をふきとってから使う（特に木製）。

まな板の種類

- なるべく面積が広いまな板のほうが作業しやすい。木製は刃あたりがやわらか、プラスチック製は手入れがらくなどそれぞれに長所短所がある。

衛生的な使い方

- 「加熱が必要な生の肉や鮮魚」と「野菜や、加熱せずに食べられるもの」で、まな板を使い分けると衛生的。1 つのまな板ですべての食材を切る場合は、「野菜→魚・肉など」と切る順番に気をつける。

（→ p.187 食中毒予防ポイント）

包丁のかまえ

かまえ・姿勢
包丁をまな板に対して直角に入れるためには、おのずと右ひじ、右肩を引くことになり、右足もやや後ろに引く。足は自然に開いて姿勢よく立つ。なお、左ききの場合は逆になる。

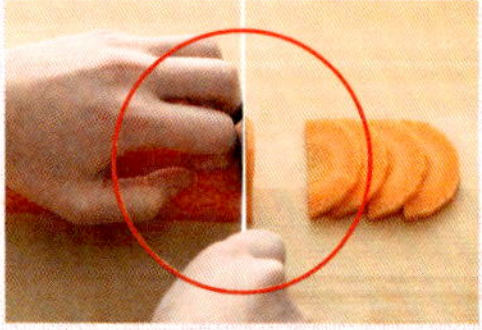

かまえ・位置
まな板の面を有効に使うために、材料はまな板と平行に置き、対して包丁は直角に使う。材料を押さえる手は、指先を出さずに丸める（猫の手）。丸めた手の人差し指か中指の第１関節は常に包丁の腹にあて、ずらしながら切り幅を調節する。

包丁のにぎり方

指差し型
人差し指を伸ばして包丁のミネにのせてもよく、これが“指差し型”。人差し指がガイド役になって力が伝わり、刃先がぶれない。

にぎり型
基本は、包丁の柄を手のひらで包むように持つ“にぎり型”。親指と人差し指で、刃のつけ根の部分をはさんで、刃がぐらつかないようにする。

包丁の動かし方

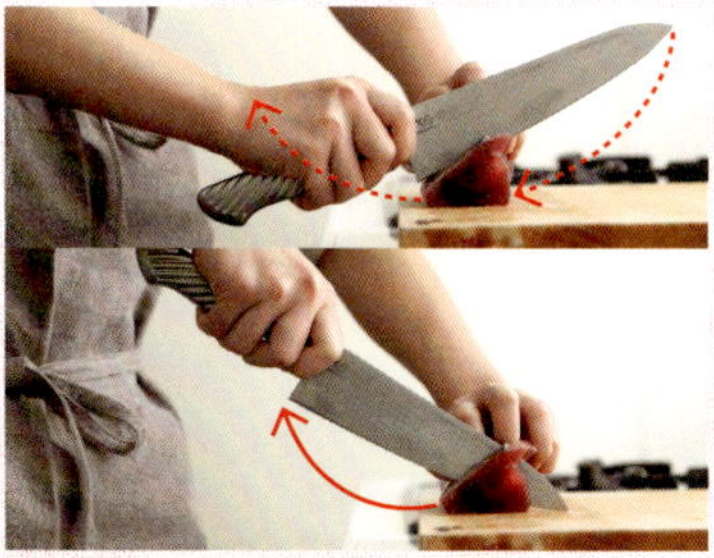

引き切り
身がやわらかい肉や魚を切るときは“引き切り”。刃元から入れ、手前に弧を描くように包丁を引きながら切る。刃元から刃先まで刃渡り全体を使う。刺身、巻きずしなど、ひと引きで切り離せば切り口がきれい。

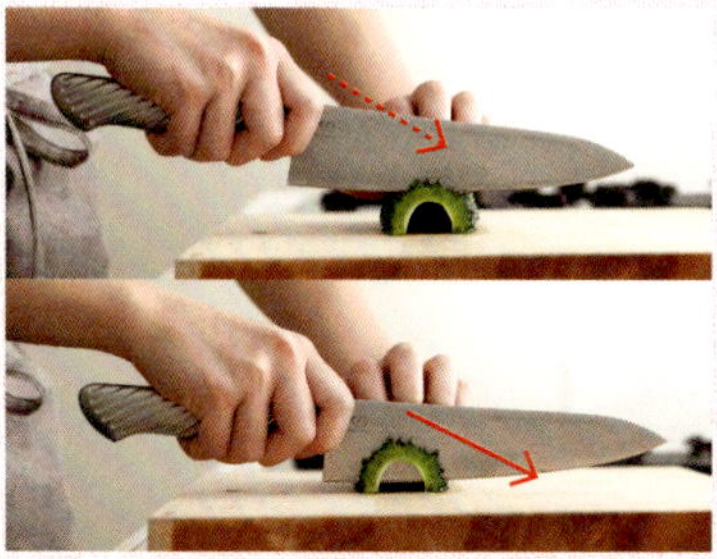

押し切り
適度なかたさの野菜などを切る場合は“押し切り”が基本。包丁は真下へではなく、手前から向こうへ斜めに押し入れる。刃渡りの中央から刃元を使う。

はかる

レシピは料理の設計図。レシピにそって、おいしい料理を作るには正確な計量が欠かせません。

長さをはかる

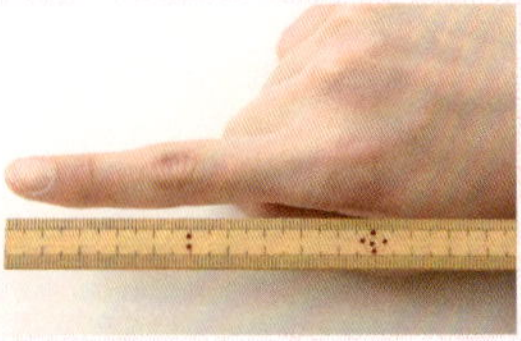

自分の指の長さがわかっていると、材料にあてて見当がつく。材料の長さや幅などの大きさは、火通りや仕上がり具合に関わるので大切。

人差し指の第1関節まで＝2〜2.5㎝
人差し指の第2関節まで＝4〜5㎝

時間をはかる

調理は並行して段どりよく進めたい。そんなときにキッチンタイマーが役立つ。煮る時間、つけおく時間など、少し手前に時間を設定して、途中でようすをみるのがコツ。

重さをはかる

調理用ばかり

重量と正味重量
レシピに記載されている材料の重量は、調理前の重さの場合が多い。除いて使う種や皮などの重量（廃棄量）を含んでいる。廃棄量を除いた重さは「正味〇g」などと記される。

計量ばかりからはみ出さない
正確にはかるには、調理用ばかりを平らな場所に置き、材料が台の中におさまるよう、トレーや皿などにのせてはかる。

重さのめやす

10g
にんにく1片（親指の先くらい）
しょうが1かけ
ミニトマト1個
50g
にんじん小1/3本
たまねぎ1/4個
卵1個
100g
ねぎ1本
きゅうり1本
さけ1切れ
150g
にんじん小1本
じゃがいも1個
トマト1個（中玉）

調理用ばかりではかるまでもない場合は“手ばかり”で。卵の重さが50〜60gなので、手に持って重量感を覚えておくと役立つ。

容量をはかる

計量カップ

平らなところではかる
計量カップでは、液体をはかることが多い。水平になるように、平らなところに置いて目盛りを確認する。

200㎖

計量カップ1 = 200㎖
計量カップは目盛りに従う。端数が出る場合は計量スプーンと組み合わせる。なお、㎖とccは同じ。また、「米用カップ1 = 180㎖」と容量が異なるので注意(→ p.162)。

※計量カップはレシピでは通常「カップ」と表記。

容量をはかる…液体

計量スプーン

大さじ(小さじ)「1」「1/2」
液体の大・小さじ「1」は、スプーンの縁いっぱいで、こぼれない程度の量。「1/2」は1/2の目盛り(半分よりやや上)まで。

15㎖　5㎖

大さじ1 = 15㎖
小さじ1 = 5㎖
大さじと小さじが必要。それぞれ1/2の内目盛りがついているものが便利。スプーンのまっすぐな柄は、すりきりに使える。

容量をはかる…粉類

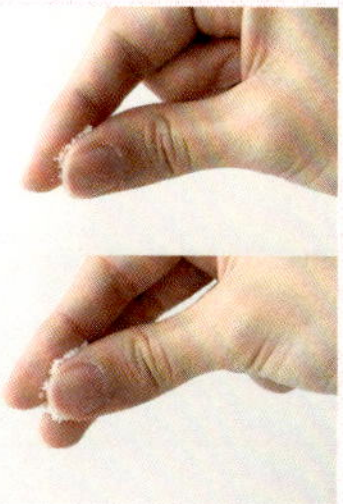

「少々」
小さじ1/8以下の少量。塩なら親指と人差し指でつまむくらいの量。
「ひとつまみ」
親指、人差し指、中指の指3本でつまむくらいの量。

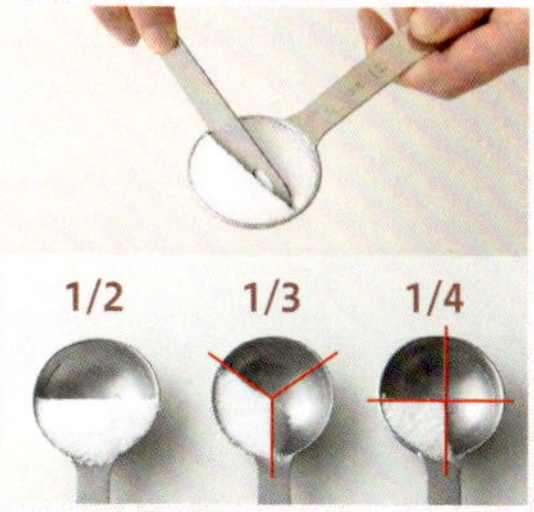

大さじ(小さじ)「1/2」
すりきったら、2等分に分割して半分を落とす。「1/3」「1/4」も同様に、等分にして余分を落とす。

大さじ(小さじ)「1」
粉類の大・小さじ「1」は、平らなものですりきった量。

はかる

覚えておくと便利な重さ

計量スプーンではかりにくい、みそやマヨネーズなどは、重量を覚えておくと、調味料を合わせるときなどに便利。たとえば、「みそ大さじ1 = 16g」と覚えていれば重さではかれる。

容量と重さは異なる

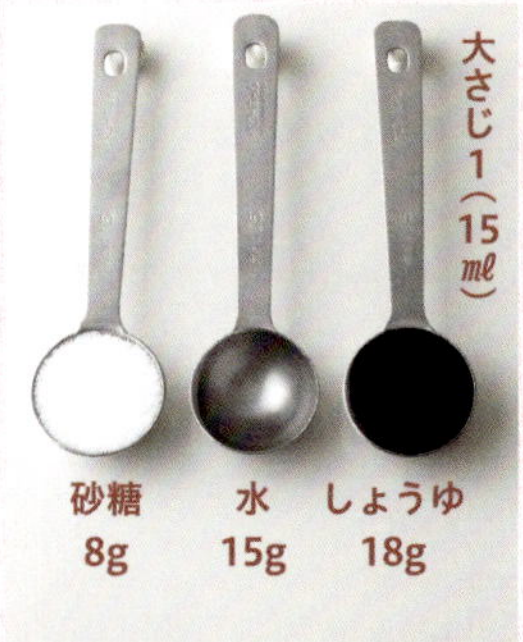

容量と重量は異なるので混同しないように。写真の大さじの例のほか、水はカップ1 = 200gだが、牛乳カップ1 = 210g、パン粉カップ1 = 40g など。

おもな調味料などの、容量と重さのめやす

食品名	カップ1（200㎖）	大さじ1（15㎖）	小さじ1（5㎖）
水	200g	15g	5g
酢	200g	15g	5g
酒	200g	15g	5g
ワイン	200g	15g	5g
しょうゆ	230g	18g	6g
みりん	230g	18g	7g
砂糖	110g	8g	3g
塩	-	15g	5g
みそ	-	16g	5g
バター	-	14g	5g
油	180g	13g	4g
牛乳	210g	15g	5g
生クリーム	200g	14g	5g
マヨネーズ	-	12g	5g
トマトケチャップ	-	16g	6g
はちみつ	-	22g	7g
小麦粉	100g	8g	3g
かたくり粉	-	10g	4g
パン粉	40g	3g	1g

※ベターホーム調べによる数値。

火加減・水加減

火加減のコントロールは肝心です。実際の調理では、音や香り、温度などを五感で確認しつつ調整します。よく使う水加減のことばもチェック。

火加減と鍋の中の状態

	弱火	中火	強火
火の大きさ	 炎は見えるが小さく、鍋の底には届かない。「とろ火」はこれよりさらに小さい。	 炎の先が鍋の底に届く程度。これを基準に、強火との間が「強めの中火」、弱火との間が「弱めの中火」。	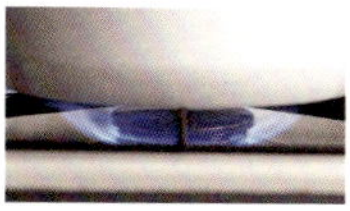 火は全開。ただし、鍋の底から炎がはみ出さないように（エネルギーの無駄）。
鍋の中のようす	 中身が静かにゆれ、フツフツと沸騰が続いている。	 小さな泡が出て、コトコトと音を立てている。	 大きな泡が出て、グツグツしている。

レシピ中の火加減例

煮もののレシピ例

「強火にして煮立てる。アクをすくい、中火にして落としぶたをして約 10 分煮る」

強火

中火

炒めもののレシピ例

「弱火で香味野菜を炒め、香りが出てきたら、主材料を入れて中火で炒める」

弱火

中火

※レシピで「○分煮る」「○分ゆでる」とは、通常「沸騰してからの分数」をさす。

水量（水加減）を表す用語の意味

鍋のようす	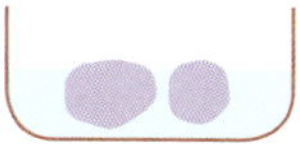		
水量の状態	**「ひたひた」** 材料の頭が少し見えるくらい。波間にひたひたと、ものが見え隠れするさま。	**「かぶるくらい」** 材料の頭がちょうど隠れる（＝かぶる）くらいの水量。	**「たっぷり」** 材料がすっかりひたっている状態。

基本の調味料

家庭でもっともよく使う調味料の種類や保存のし方を確認します。

みりん

- 「本みりん」を使う。
- 「みりん風調味料」はアルコール度が低く、わずかに塩分が含まれるので注意。
- 保存のめやすは、開栓後約2か月。「本みりん」は冷暗所に保管（冷蔵すると結晶しやすい）。「みりん風調味料」は冷蔵庫に保管。

しょうゆ

- 通常「こいくちしょうゆ」を使う。
- 「うすくちしょうゆ」は、料理に色をつけたくない場合に。
- 保存のめやすは、開栓後約1か月。夏は冷蔵保存が無難。

砂糖

- 通常「上白糖」を使う。ほかに「きび砂糖」「三温糖」などがある。
- 長期保存可。虫が入ることがあるので、密閉容器に入れて保管。

油

- キャノーラ油などの「サラダ油*」が一般的。「ごま油」や「オリーブ油」などは香りをいかす料理に。
- ふたをしっかり閉めて保存。保存のめやすは、開栓後1～2か月。

*サラダ油は、サラダなどに使用できる植物性の食用油。味や香りにくせがなく、低温で固まりにくい。

酒

- ふつうの「日本酒（清酒）」のほか、「料理酒」を使う。
- 料理酒は、塩を加えているものがあるので注意。
- 保存のめやすは、開栓後2～3か月。夏は冷蔵保存が無難。

みそ

- 一般的に米みその「淡色みそ」や「赤みそ」を使う（→ p.169）。
- 空気にふれた部分から味や香りが落ちるので、容器の内紙やラップで表面をおおい、ふたをきちんと閉める。袋のものは口を閉じて密閉容器に入れる。冷蔵保存する。

酢

- 通常、味にくせのない「穀物酢」を使う。ほかに「米酢」「ワインビネガー」などがある。
- 保存のめやすは、開栓後約半年。

塩

- 塩の純度が高い「食塩」、粒子が粗くうま味も含む「粗塩」などがある。
- 長期保存可。

調味料の小分け

調味料は賞味期限内に使いきれる量を購入するのが基本。大びんや袋入りの調味料は、小ぶりの容器に小分けすると使いやすい。その場合は、雑菌が入らないように、よく乾いた清潔な容器に移し、つぎたしはしない。

調味料は冷暗所か冷蔵庫で保存

通常は温度変化の少ない冷暗所に保管する。コンロのそばや、シンク下（湯が通る管がある）は避ける。冷暗所がない場合や夏場は、しょうゆ、酒などは、冷蔵保存がおすすめ。

使用時に気をつけたいこと

●塩や砂糖は

塩や砂糖は湿気で固まりやすい。水気は充分ふきとって、ぬれたスプーンや手でさわらないようにする。

●液体調味料は

鍋の上で計量しない。容器内に湿気が入って劣化の原因に。こぼして入れすぎてしまう危険もある。

そそぎ口やカップが汚れたときは、そのつどふきとり、ふたをしっかり閉めて保存。

ベターホーム協会は「食べもの大切運動」を行っています。

コラム

賞味期限と消費期限の違い

賞味期限
期限を過ぎたら、即食べられないというわけではない。開封していない状態で、表示の保存方法においた場合の、おいしく食べられる期限を示す。賞味期限の表示は、ハム類やスナック菓子、缶詰など、冷蔵や常温で保存がきく食品についている。

消費期限
期限内に食べる。開封していない状態で、表示の保存方法においていれば、食べても安全な期限を示す。消費期限の表示は、お弁当や洋生菓子など、長くは保存できない食品についている。

※賞味・消費期限ともに、一度開封したものは期限にかかわらず、早めに食べる。
※保存方法の表記がない食品は、常温（冷暗所）で保存できる。

基本の調理道具

料理の基本道具一覧です。キッチンの道具を選ぶときは、環境に合わせつつ、実用性と安全を第一に考えましょう。次に、耐久性や手入れのしやすさを。結局シンプルなものが使いやすく、長く使えます。

切る

皮むき器
キッチンばさみ
おろし金
包丁
まな板

はかる

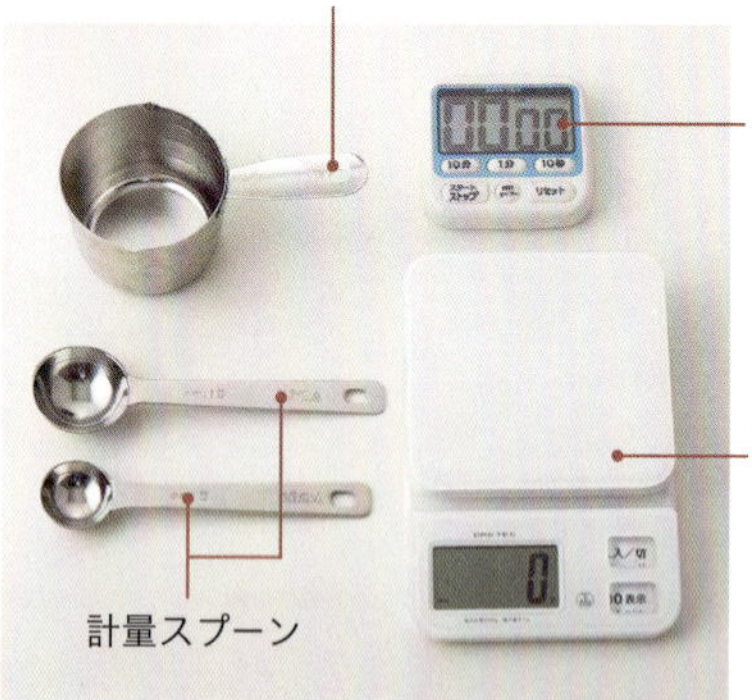
計量カップ
キッチンタイマー
調理用ばかり
計量スプーン

火にかける

フライパンとふた
ゆきひら鍋とふた
落としぶた

混ぜる・すくう

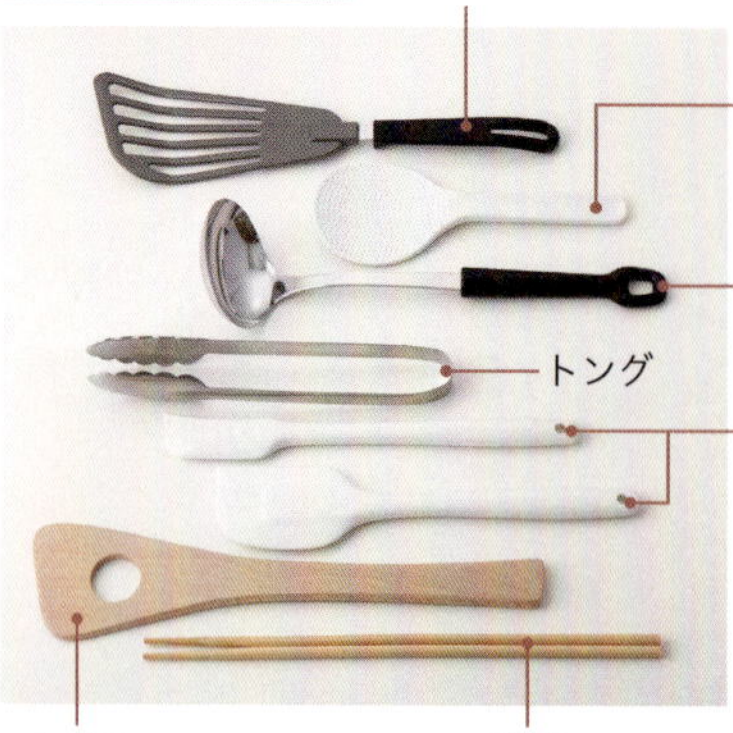
フライ返し
しゃもじ
おたま
トング
ゴムべら
木べら
菜箸

下ごしらえ

ざる
万能こし器
調理トレー類
ボール

野菜

食材の扱い方

野菜の切り方用語

食材は料理に合わせた大きさや形にして使います。いろいろな形に切って使う野菜で、定番の形とその呼び名を確認しましょう。

輪切り（p.52・60ほか）
半月切り（p.56）
輪切りは、切り口が丸い輪の形の切り方。半月切りは、輪切りを半分にした「半月」の形。

いちょう切り（p.56）
半月切りをさらに半分に切った形で、「いちょうの葉」のような形。

くし形切り（p.60・65）
髪をとかす「櫛」の形。半月切りに似ているが、トマトやたまねぎなど丸いものを放射状に切った形。

乱切り（p.68）
厚みのあるものを、端から斜めに切るときに、材料を90度回して、断面を変えて切っていく。表面積が大きくなる切り方。

小口《こぐち》切り（p.37・70ほか）
「小口」とは端のことで、細長いものを端から切ることをいう。厚さはまちまちだが、指定がなければ薄く切る。

野菜の繊維の方向と、切る向き

繊維がはっきりしている野菜は、切る向きで、歯ざわりなどが変わる。

● **繊維の方向**

繊維の方向
※しょうがは皮の筋に対して直角の向き。

● **繊維にそって切る**
加熱しても形がくずれにくく、歯ざわりも残る。断面はなめらか。

● **繊維を断ち切る**
香りや水分が出やすく、やわらかめに仕上がる。断面に繊維が見える。

【たまねぎの場合】

繊維にそって薄切りにする（レシピで特に指定がない場合はこちら）。

繊維を断つ＝繊維と直角に切る。

そぎ切り（p.101・130）

「そぐ」は斜めに薄く切ること。厚みのあるものを斜めに切って薄くしたり、先をとがらせたりする。

ささがき（p.41）

「笹掻」と書く。笹の葉のように薄く細かくけずった形。

拍子木《ひょうしぎ》切り

〝火の用心〟と打ち鳴らす「拍子木」の形。直方体。

細切り（p.37ほか）

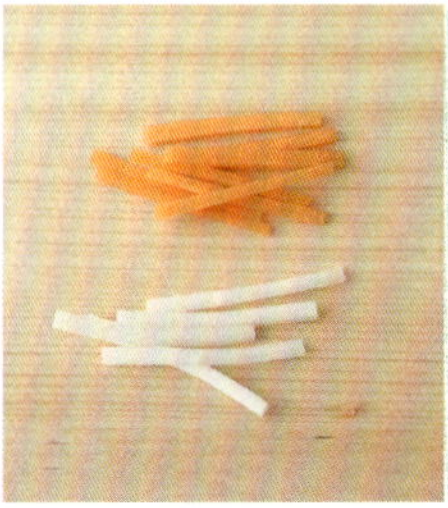

細長い形。たんざく切りより細く、せん切りより太い。だいこんを太めのせん切りにしたものは「千六本」（p.57）の別名も。

みじん切り（p.61・71・82ほか）

「木端微塵《こっぱみじん》」のみじん。細かい形。みじん切りよりやや大きく粗いものが「粗みじん切り」。

角切り・さいの目切り・あられ切り

「角切り」＝四角の立方体に切ること。「さいの目切り」＝1㎝角ほどのサイコロ形。「あられ切り」＝5㎜角ほどで、「霰《あられ》」の意味。

たんざく切り（p.24）色紙切り

「短冊」＝俳句などを書く細長い紙のことで、薄い長方形をさす。「色紙」＝サインなどを書く紙のことで、薄い正方形をさす。

せん切り（p.68ほか）

細切りよりもさらに細い筋。「千切り」「繊切り」などと書く。ねぎのせん切りは「白髪《しらが》ねぎ」（p.71）、しょうがは「針しょうが」（p.83）の別名がある。

ひと口大に切る

形にこだわらず、「ひと口」に入るくらいの大きさに切る。

ぶつ切り（p.101）

形にこだわらず、包丁で「ブツブツ」と無造作に切る。肉や魚、ねぎなどを切るときに。

ざく切り

形にこだわらず、包丁で「ざくざく」と大ざっぱに切る。キャベツやはくさいなどを切るときに。

青菜類

【小松菜】

【ほうれんそう】

・葉が肉厚で大きさがそろっている

❌ 避けたいもの
◉葉がしなびている。

【春菊】

【菜の花】

・みずみずしくはりがある（すべて共通）

冷蔵・野菜室
ポリ袋に入れ、できれば立てる。

冷凍
【1か月】かためにゆでて水気をしっかりしぼり、3～4㎝長さに切る。小分けしてラップで包み保存袋に入れて冷凍↓凍ったまま加熱調理。おひたしならさっとゆでる。

根元をよく洗う

根がついているときは切り落とし、汚れた葉もとり除く。ボールの中で水を流しながら、全体を洗う。

葉を広げるようにして、根元の泥をよく洗い落とす。

洗ったものからざるに置き、自然に水気をきる。

煮ものや炒めものに使う際、ほうれんそうはアクが強いので、下ゆでをして使うことが多いが、小松菜や春菊はアクが少ないので、下ゆでしなくてもよい。

ほうれんそうの
おひたし

材料

（2人分／
1人分 16kcal、塩分 0.4g）

ほうれんそう … 1/2 束（150g）
しょうゆ ………… 小さじ 1/4
［だし ……………………… 大さじ 1
しょうゆ ……………… 小さじ1
けずりかつお…………………… 少々

1 ほうれんそうはゆでて水にとり、水気をしぼる。半分に分けてトレーに並べる。

2 ほうれんそうにしょうゆ小さじ 1/4 を半量ずつかける。手でにぎるようにして水気を軽くしぼる。「しょうゆ洗い」といい、下味がついて水っぽくならない。

3 食べやすい長さに切る。器に盛る。だしとしょうゆを合わせ（割りじょうゆ）、かける。けずりかつおをのせる。

たっぷりの湯で短時間ゆでる

根元の先端のかたい部分を切り落とす。株が大きいときは、根元に一文字、または十文字の切り目を入れておく。

たっぷりの湯を沸騰させ、根元のほうから入れる。鍋が小さければ、2度に分けてゆでる。その場合、同じ湯でかまわない。

いったん静まった湯が、再び沸騰してきたら、菜箸で上下を返す。もう1度沸騰したら、ゆであがり。

塩を入れるとよいといわれるが、色鮮やかになる効果があるのは湯の量の3％以上の塩を入れた場合で、材料にも塩味がつく。たっぷりの湯で短時間でゆでれば鮮やかな緑色を残せる。

水にとってさます

根元をそろえる。水の中でそろえると、からみにくい。根元から葉先へと手でにぎるようにして、均一に水気をしぼる。

ゆであがったら、水を入れたボールにとり、水を1～2回かえて、すばやくさます。

青菜は余熱で色が悪くなりやすいので、緑を鮮やかに残すために、すぐに水にとってさます。

うど

・うぶ毛がしっかりついている
・白くてみずみずしい
・全体が同じ太さでピンとしている
・皮を厚くむくので太いほうがよい

冷蔵・野菜室
新聞紙で包む。

冷凍
【2〜3週間】
使いやすく切ってゆで、小分けしてラップで包み、保存袋に入れて冷凍→冷蔵庫で解凍。

たんざく切り

たんざく切り(p.21)で使うことが多い。右のように4〜5㎝長さに切って皮をむいたあと、太いものは縦半分にして、端から薄く切る。酢水(右参照)につける。

皮むきとアク抜き

皮ごと洗って、4〜5㎝長さに切る。皮のすぐ内側はかたくてアクが強いので、皮は厚くむく。むいたらすぐ、酢を加えた水(水200㎖に対し酢小さじ1の割合)に入れて5〜6分おく(空気にふれて変色するのを防ぐため)。

◉皮や小枝も利用する
厚くむいた皮や小枝は酢水(上記)につけてアクを抜き、細く切ってきんぴらに(きんぴらの作り方→p.41)。かんたんな一品になる。

うどの酢みそがけ

材料
(2人分／
1人分 35kcal、塩分 1.2g)
うど ………… 1/3本(130g)
わかめ(塩蔵) ………… 10g
A 練りがらし …… 小さじ1/4
A 砂糖・酢 …… 各大さじ1/2
A みそ ………… 大さじ1

1. うどは4㎝長さに切り、皮を厚めにむく。たんざく切りにし、酢水(上記)につけてアクを抜き、水気をきる。
2. わかめは洗って水でもどし、熱湯に通してから水にとり、水気をしぼる(p.145)。3㎝長さに切る。
3. Aを混ぜる(酢みそ)。1と2を盛り、Aをかける。

枝豆

・さやが多く
すきまなく実っている
・ふっくらしている

枝ごとのものは「枝つき」と呼ばれる。さやをとり、袋に入れて売られているものが多い。

もみ洗い

水をはったボールの中で、両手でもむようにして洗う。

さやを切りとる

キッチンばさみで枝からさやを切り離す。

塩でもんでからゆでる

洗って水気をきったさやに、塩をもみこむ（さやの重量200gに対して塩小さじ1弱の割合）。ゆでたときに色鮮やかになり、塩味がつく。

沸騰した湯に、塩がついたまま入れて4～5分ゆでる。ゆであがったら、ざるに広げて水気をきり、味つけに塩少々をふってさます。

冷蔵・野菜室

枝から切り離し、ポリ袋に入れる。

冷凍

【1か月】ゆでて水気をふき、小分けしてラップで包み、保存袋に入れて冷凍→冷蔵庫で解凍。加熱調理するときは、半解凍でさやから出す。

オクラ

・育ちすぎたものはかたくて味が劣るので、大きすぎないもの

・濃い緑色で、へたが変色していない
・全体が細かいうぶ毛でおおわれていてはりがある

生でも食べられるが、ゆでるとねばりが出て口当たりがよくなる。

がくをむく

がくの部分はかたいので、形のまま使うときは、かどを薄くむく。

へたの先端を落とす

さっと洗い、へたの先端を切り落とす。

塩でもんでから、ゆでる

表面のうぶ毛が口にさわるので、塩少々でもんで落とす（生食の場合は、このあと水で洗う）。

塩つきのまま、熱湯で1分ほどゆでる。ざるにとりさます。

冷蔵・野菜室

ネットのままだと乾燥するので、ポリ袋に入れる。

冷凍

【2～3週間】

かためにゆでて小分けし、ラップで包み、保存袋に入れて冷凍→冷蔵庫で半解凍して、切って使う。

オクラの煮びたし

材料

（2人分／
1人分 20kcal、塩分 1.0g）

オクラ	70g
だし	150mℓ
A しょうゆ	小さじ2
A みりん	小さじ1
A 塩	少々
けずりかつお	少々

1. オクラはへたとがくの処理をし塩でもんで洗う（上記）。
2. 鍋にだしとA、オクラを入れる。ふたをして火にかけ、中火で3分ほど煮る。
3. 器に2を汁ごと盛り、けずりかつおをのせる。

かぶ

・つやがあり、
しまっている
・根が細く、
まっすぐ
伸びている
・葉は青々とし、
ピンとしている

✕避けたいもの
◉葉がしなびたり、変色している。
◉実に傷やひび割れ、虫くいがある。

冷蔵・野菜室
実と葉を切り分け、ポリ袋に入れる。

冷凍
【1か月】実はくし形に切り、かためにゆでて。葉もかためにゆでて、保存袋に入れて冷凍→凍ったまま煮ものや汁ものなど加熱調理に。

茎の間をよく洗う

葉を切り落とす際、茎を少しつけておくと、彩りになる。茎を残す場合は、茎の間の泥や汚れを竹串などを使って、水を流しながら充分落とす。

実（根の部分）と葉を分ける

全体を洗ってからまな板にのせ、かぶの実の上部で切り、実と葉に分ける。

◉葉も利用する

栄養豊富な葉は、みそ汁やスープの具、煮ものの彩りに使える。使いきれないときは、さっとゆでて小分けし、冷凍しておくと便利。凍ったまま煮ものや汁ものなど、加熱調理に使う。

皮をむく？　むかない？

かぶは皮がやわらかいので、漬けものや汁ものなど、ほとんどの料理で皮ごと使える。白くきれいに仕上げたいときや、やわらかい食感にしたいときはむくとよい。根のほうからむき始め、かぶを回しながらむく。

かぼちゃ

・粉をふいている
・大きさの割に重い
・表面につやがある

【日本かぼちゃ】
味が淡泊で、うす味の含め煮などに向く。

【西洋かぼちゃ】
ホクホクして甘味が強い。

室温
丸ごとのもの。ポリ袋には入れない。

冷蔵・野菜室
切ったものは、種とわたを除き、ラップで包む。

冷凍
【2～3週間】
❶使いやすく切り、生のまま保存袋に入れて冷凍→凍ったまま加熱調理。
❷煮ものやゆでたものは、小分けしてラップで包み、保存袋に入れて冷凍→鍋や電子レンジで加熱。

切り売りの場合、果肉がしまって色が濃く、種がふっくらしているものを選ぶ。

種とわたをとる

大きめのスプーンなどで、種とわたをこそげとる。

1個を切り分けるとき

1個を2～4つに切る。ころがらないように、かぼちゃをしっかりとまな板の上に置き、かたいへたを避けて包丁を入れる。かたいので手にけがをしないように気をつける。割ってからへたの部分を切り落とす。

切り分ける

やわらかい実のほうから切ると切りやすい。皮を下にして置き、包丁を入れる。

刃が入ったら、包丁の刃先のほうのミネ（背）を左手で押さえ、右手で上から押すように切る。

小分けしたものは、切り口を下にして安定よく置いて切る。ただし、皮側から刃を入れるときは、よりかたいので注意する。

皮をむく

皮をむくときは、ある程度の大きさに切り分けてから、まな板に安定よく置いて切るようにそぎ落とす。

◉かたくて切れないときは

電子レンジで 100g あたり 30 秒（500W）ほど加熱すると、切りやすくなる。

かぼちゃの煮つけ

材料（2人分／1人分 112kcal、塩分 0.6g）

かぼちゃ …… 250g

＜煮汁＞

だし …… 150mℓ

みりん …… 大さじ1

しょうゆ …… 小さじ 1/2

塩 …… 少々

1 かぼちゃは種とわたをとり、3～4㎝角に切る。

2 鍋に煮汁の材料を合わせ、かぼちゃを皮を下にして並べる。落としぶたと鍋のふたをし、強火にかける。

3 煮立ったら中火にして、煮汁がほぼなくなるまで約 10 分煮る。竹串を刺して、すっと通れば火が通っている。

カリフラワー

冷蔵・野菜室

ラップで包む。つぼみが開かないうちに早めに使いきる。

冷凍

【1か月】かためにゆでて小分けし、ラップで包み保存袋に入れて冷凍→凍ったまま加熱調理。

・かたくしまって、ずしりと重みがある

・白くてきれい

【ロマネスコ】
イタリア産の品種で、カリフラワーの仲間。扱い方は同じ。

✕ 避けたいもの

◉表面に褐色の斑点があるものは霜にあたったりしたもので、品質が落ちる。

◉つぼみが開いて黄色がかっているものも、味が落ちる。

ていねいに洗う

水をはったボールに入れ、水を流しながらひとつずつ洗う。ざるにあげて、水気をきる。

小房に分ける

さっと洗ってまな板に置き、茎のほうに包丁の先を入れて、小房に切り分けていく。

葉をとる

茎のまわりについている緑色の葉を切り落とす。

ゆでる

カリフラワーが充分かくれる程度の、たっぷりの熱湯でゆでる。竹串で刺してかたさをみる。

ざるにとり、重ならないように広げてさます。

◉白くゆでるには

沸騰した湯に酢を入れてゆでると、白く歯ごたえよくゆであがる（湯1ℓに対し酢大さじ1の割合）。沸騰前に入れると、酢の効果が弱くなる。酢の味が残るので、シチューなどには不向きだが、サラダなどに。

きのこ

冷蔵・野菜室

水気にふれると、いたみやすい。買ってきた袋のままか、ポリ袋に入れて(口は閉じない)、野菜室で保存する。なめこは、袋のまま野菜室へ。

冷凍

【1か月】

生のまま冷凍できる。石づきをとり、小房に分けるなど使いやすい大きさにし、保存袋に入れて冷凍↓凍ったまま加熱調理。

※なめこは袋入りのまま冷凍↓凍ったままざるにとり、流水で洗って、加熱調理。

いろいろなきのこをミックスして冷凍しておくと便利。

【しめじ】

ぶなしめじのほうが歯ざわりがよく、加熱しても形くずれしない。

【ぶなしめじ】

【ひらたけ】

・軸がピンとしていて、太い
・密集している

出回っているしめじ

「しめじ」として売られているものは、「ひらたけ」や「ぶなしめじ」という名のきのこ。天然の「本しめじ」は栽培が難しく、市場にはほとんど出回らない。

小房に分ける

手でいくつかに小分けする。

根元を落とす

洗わずに(p.32)、さっと汚れを落としてから、根元から1㎝ほどのところで切り落とす。あまり長く切ると、バラバラになってしまう。

【しいたけ】

・肉づきがよい、
色つやがよい
・太くて短い
・ひだが
乳白色

避けたいもの

●かさがべたついている。
●かさの裏が茶色い。

洗わずに使う

栽培ものは、土汚れがないので手で汚れを払うか、ペーパータオルなどでふく程度にする。洗うと水っぽくなる。汚れが気になるときは、使う直前にさっと洗う。

石づきをとる

軸の先のかたい部分を「石づき」と呼び、切り落とす。

料理によって、残りの軸はかさと切り分けるか、つけたままにする。切る場合は、かさとの境に包丁を入れて切る。

切り離した軸は、縦に手で2～4つに裂くか、薄切りにして使う。

飾り切り

左右から斜めに包丁を入れてV字形に切りとる。これをくり返し、十字か花形にする。

【マッシュルーム】

・すべすべして、
丸みと厚みがある
・軸が太くて短い

全体が茶色のブラウンマッシュルームもある。ホワイトより香りが強い。

避けたいもの

●かさの裏が黒い。
●かさが開いている。

レモン汁をかける

アクが強く、切り口が変色するので、ホワイトマッシュルームを生で使う場合は、レモン汁をかけて、変色を防ぐ。

【えのきだけ】

・かさが小さくそろっている
・きれいな白色

✕ 避けたいもの

◉軸が細くやせている。
◉軸の色が濃い。

ふり洗いする

使う直前に洗う。根元の部分を持って水中でふり洗いする。

根元を落とす

根元から3～4㎝のところを切り落とす。

手でほぐす

長いまま使う場合も、切って使う場合も、根元に近い部分はかたまっていることが多いので、手でほぐす。

【エリンギ】

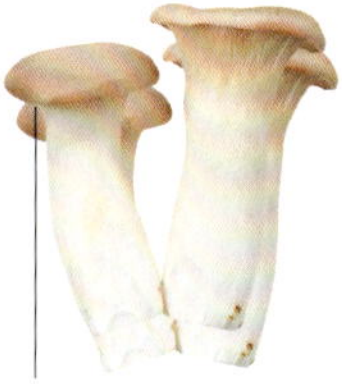

・かさのふちが巻きこんでいる（開いていない）
・軸が白い

かたい軸は切り落とす

石づきは除いて売られている場合が多い。さわってみてかたい部分があれば切り落とす。

軸は手で裂く

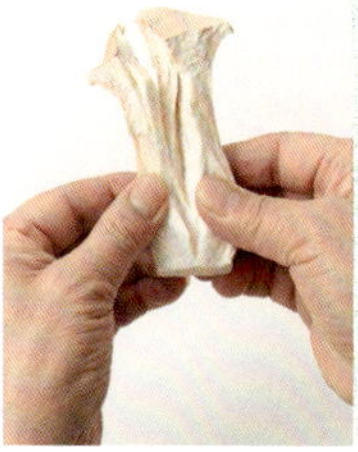

縦に割って使う場合は、手で裂いたほうが味がしみやすい。

【まいたけ】

・かさに厚みがある
・シャキッとしている

✕ 避けたいもの

◉湿ってべたっとしている。

手で分ける

根元が黒く汚れている場合は切り落とす。手でかんたんにほぐれるので、ていねいに扱う。

株を小分けにして売られており、石づきも除いてある場合が多い。

【まつたけ】

・かさの裏が白い
・軸に弾力がある
・香りが強い

×避けたいもの

◉乾燥している。
◉押さえるとフカフカする。
◉かさが大きく開いている。

まつたけの保存

高価で貴重なまつたけ。多少香りはなくなるが、冷凍も可能。汚れをよくふきとって、1本ずつラップで包み保存袋に入れて冷凍。半解凍して、加熱調理。

石づきをとる

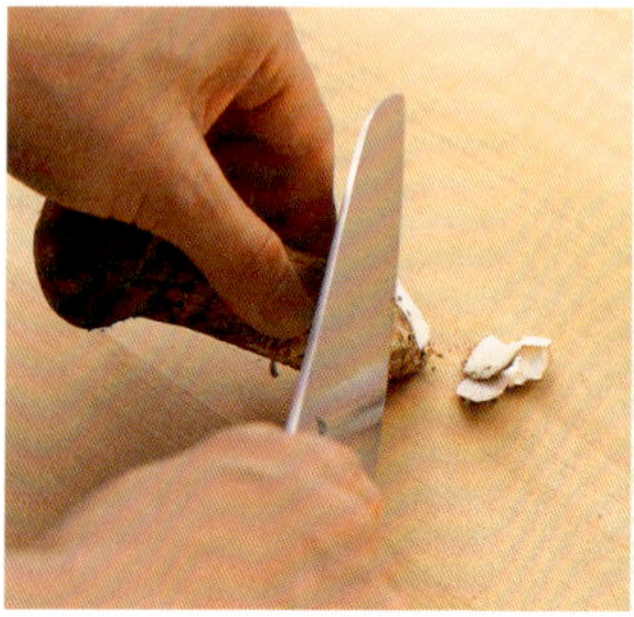

石づきは、土のついた部分だけを、鉛筆をけずるように切り落とす。軸も無駄なく使う。

汚れはふきとる

洗うと香りがなくなるので、ふきんかペーパータオルで汚れをはらう程度にする。

【なめこ】

・小粒でそろっている
・ぬめりがにごっていないもの

生で売られているので、加熱してから食べる。おろしあえの場合は、さっとゆでて使う。

ぬめりをしっかり落としたいとき

ぬめりをしっかり落としたいときは、ざるに入れて、熱湯をかける。

ざるに入れて洗う

ざるに入れ、水でさっと洗ってから使う。もち味のぬめりを落とさない程度でよい。

キャベツ

冷蔵・野菜室

丸ごとはポリ袋に入れ、芯を下にして。切ったものはラップで包む。

冷凍

【1か月】

使いやすい形に切り、塩をまぶすか、熱湯をかける。水気をとり、小分けしてラップで包み、保存袋に入れて冷凍→凍ったまま加熱調理。

・外葉が緑色
・重量感がある
・切り口が新しくて、きれい

【春キャベツ】
巻きがゆるくて葉がやわらかく、特に生食向き

【冬キャベツ】
巻きがかたく、煮ものにも向く

×避けたいもの

◉外葉が白っぽい(すでに外葉を何枚もむいてある)。

外葉は捨てないで

外葉は多少にが味があるので、焼きそばなどの味の濃い炒めものに。また、保存のときに残りを外葉でおおうと、乾燥が防げる。

かたいところをとる

白くてかたい軸の部分は、三角形に切り落とす。軸はきざんで料理に加えても。

1枚ずつはがす

丸ごとのキャベツは、カットせず、葉をはがしながら使うと長もちする。芯の脇に包丁の刃元で切り目を入れ、そこに指を差し入れてはがす。

丸めてせん切りに

軸の部分をとった葉は、半分に切って重ね、大きければさらに半分に切って重ねる。

重ねたものの両端を内側に丸めこむようにしてまとめる。

キャベツを軽く押さえ、端から細く切る。

カット売りのキャベツは

ざく切りなど大きく切って使いきる場合は、芯の部分を三角形に切りとってから使う。

丸ごとの場合と同じように、使う分だけ芯から葉をはがして使う。

芽キャベツ

・巻きがかたくよくしまったもの
・外側の葉が緑色
・切り口が新しい

下ゆでしてから、炒めものや、煮こみ料理、サラダなどに。

✕ 避けたいもの

◉黄色く変色している。

冷蔵・野菜室

ポリ袋に入れる。

冷凍

【2～3週間】

かためにゆでて、保存袋に入れて冷凍→半解凍で加熱調理。

切り口を切り落とす

全体を洗い、切り口の部分を薄く切り落とす。

切り口部分はかたく、黒っぽくなっているため。厚く切ると葉がバラバラになるので気をつける。

切り目を入れる

包丁の刃元を使い、切り口に十文字の切り目を入れる＝「かくし包丁」。均一に早く火が通る。

下ゆでする

炒めたり、煮たりする場合は、かたいので下ゆでしてから使う。じかに煮こむより、色も鮮やかになる。

下ゆでは約2分、そのままサラダにする場合などは3～4分がめやす。竹串を刺してかたさをみる。

きゅうり

冷蔵・野菜室

ポリ袋に入れて。なるべくへたを上に立てる。

冷凍

【1か月】

薄い小口切りにして塩少々を混ぜ、ラップで包み、保存袋に入れて冷凍↓冷蔵庫で解凍し、水気をきる。

×

避けたいもの

◉つるに近い部分がしぼんだように細い。

◉指で押さえるとフカフカする。

小口《こぐち》切り

小口とは「端」の意味。
細長いものを端から切ること。

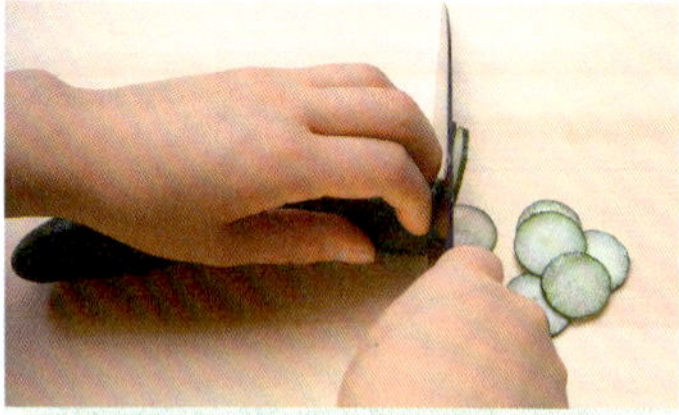

へたを切り落とし、端から薄く切る。包丁のミネを心もち右に傾けて切ると、切ったきゅうりがころがりにくくなる。

板ずり

色が鮮やかになる。洗ってまな板に置き、約1％の塩（1本に対し小さじ 1/4 程度）をまぶして、手のひらで押さえながらころがす。手で持ってこすってもかまわない。さっと洗ってから使う。

細切り（皮の濃緑色をいかす細切り）

斜め薄切りにする。

ずらして重ね、端から細く切る。

塩もみ

酢のものにするときなどの下ごしらえ。小口切りにしたきゅうりをボールなどに入れ、約1％の塩（1本に対し小さじ 1/4 程度）をふって5分ほどおき、しんなりしたら手で軽くもむ。

水気をしぼる。このあと酢などをあえる場合は、早くからあえると水っぽくなり、色も悪くなるので、食べる直前にあえる。

グリーンアスパラガス

鮮度が落ちやすく日ごとにかたさやにが味が増すので、早めにゆでておく。
・色鮮やかでまっすぐ
・かたくしまっている
・濃い緑色

✕ 避けたいもの
◉茎に縦じわがある。
◉切り口が茶色い。

冷蔵・野菜室
ポリ袋に入れて、できるだけ穂先を上にして立てる。

冷凍
【1か月】
ややかためにゆで、ラップで包んで保存袋に入れて冷凍→さっとゆでるか、凍ったまま加熱調理。

かたい根元は皮をむく

流水で全体を洗い、切り口から1～2㎝のかたい部分を切り落とす。

下のほうの皮はかたいのでむく。手でしっかり押さえ、皮むき器でむくとかんたん。

たっぷりの湯でゆでる

料理に合わせて、適当な長さに切る。

たっぷりの湯を沸騰させて、根元の部分から先に入れ、再び沸騰したら、穂先のほうを入れる。

ゆでるときに塩を入れる必要はない。また、鍋のふたをすると色が悪くなるので、ふたはしない。

1～2分ゆでる。1本とってさわってみて、やわらかくなっていたらざるにあげ、重ならないように広げてさます。

水っぽくなるので水にはとらない。

グリーンピース

✕ 避けたいもの
◉さやの表面がカサカサしている。
◉茶色がかっている。

・はちきれそうに豆がつまっている

ゆでる直前にむく

さやの筋目に親指の爪を立て、左右に開く。

親指で押し出すようにして豆をとり出し、水で洗う。

冷蔵・野菜室
さやつきは、そのままポリ袋に入れる。

冷凍
【1か月】
かためにゆでて、水気をふき保存袋に入れて冷凍↓少量なら自然解凍か凍ったまま加熱。

青豆ごはん

材料（4人分／1人分 282kcal、塩分 0.6g）

米 …………… 米用カップ2（360mℓ）
グリーンピース（さやつき） …………… 250g（正味 110g）
水 …………… 400mℓ
酒 …………… 大さじ1
塩 …………… 小さじ 1/2

1 米はといで水気をきり、分量の水に 30 分以上つけておく。グリーンピースはさやから豆を出してさっと洗う。

2 米にグリーンピースを加え、酒と塩を加えて全体を混ぜ、炊飯器でふつうに炊く。

1

グリーンピースはそれ自体の水分でやわらかくなるので、ごはんを炊く水の量は増やさなくてもよい。

2

塩分は、米の吸水を妨げるので、充分に浸水してから調味料を加える。

ごぼう

【新ごぼう】

春先に出回る新ごぼうは、香りがおだやかでやわらかい。皮をこそげずに、洗う程度で使う。

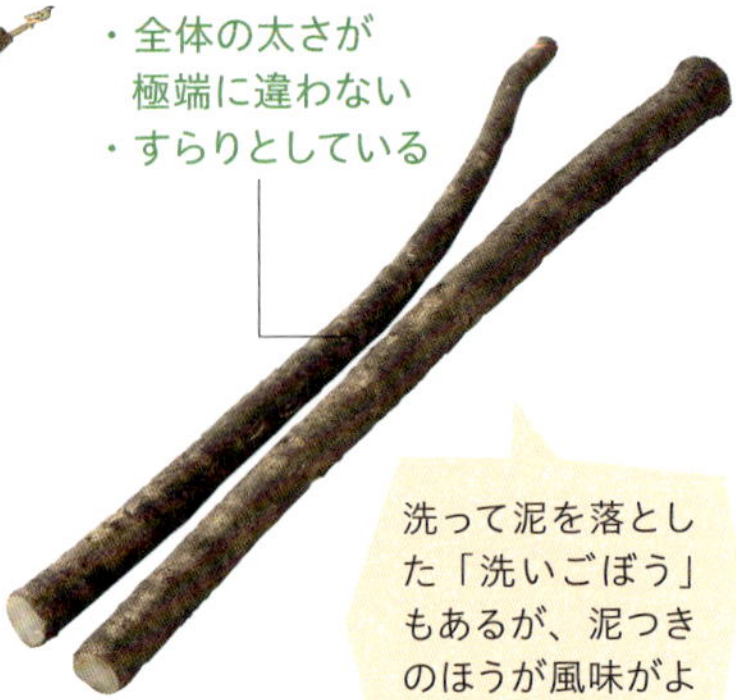

・全体の太さが極端に違わない
・すらりとしている

洗って泥を落とした「洗いごぼう」もあるが、泥つきのほうが風味がよく、長もちする。

× 避けたいもの

◉葉のついていたほう（太いほう）に、ひび割れのあるものは、芯がスカスカしている。

室温または野菜室

泥つきは買ってきたポリ袋のまま涼しい場所に。洗いごぼうはラップで包むか、ポリ袋に入れて野菜室へ。

冷凍

【1か月】

皮をこそげて使いやすい形に切り、水にさっとさらしてかためにゆでる。小分けにしてラップで包み、保存袋に入れて冷凍→凍ったまま加熱調理。

皮をこそげる

包丁のミネ（背）で皮をこそげ（こすり）とる。ごぼうの風味は皮にあるので、皮はむかず、こそげる程度で使う。新ごぼうなど、皮のやわらかいものは、洗うだけでよい。

たわしで洗う

流しで水を流しながら、たわしで洗って泥を落とす。

たわしがない場合は、アルミホイルをクシャッとさせてしわを作り、それをごぼうに巻きつけてこすってもよい。

せん切り（繊維を断つ切り方）

にんじん（p.68）のように、縦に薄切りにしてから繊維にそって切る方法もあるが、こちらのほうが、切りやすくやわらかい。

斜め薄切りにする。

薄切りにしたものを少しずらして重ね、端から細く切る。切ったものからすぐに水にさらしてアクを抜く。

ささがき

必要な長さに切ったごぼうを、左の人差し指にのせ、指先から2㎝ほど出す。水をはったボールを下に置き、鉛筆をけずる要領で、包丁をねかせ、ごぼうを回しながらけずる。

包丁をごぼうにそってねかせると、薄く、細長く切れ、立て気味にすると、厚めの仕上がりになる。けずれなくなったら、薄切りにする。

慣れない人は、ごぼうの先をまな板にあてて、けずるとよい。

ごぼうが太いときは、縦に4～5本浅い切り目を入れておくと、ささがきが細く仕上がる。

◉アク抜き

ごぼうはアク抜きや、変色を防ぐために、切ったらすぐに水にさらす。ただ、長くさらすとごぼう独特の香りが弱まるので、切り終えたら水気をきり、そのまま洗わずに調理する。

きんぴらごぼう

材料（2人分／
1人分 84kcal、塩分 0.9g）

ごぼう……80g
にんじん……40g
赤とうがらし……1/2本
ごま油……大さじ1/2
＜煮汁＞
砂糖……小さじ1
しょうゆ・みりん……各小さじ2
だし……大さじ2

1 ごぼうは2㎜厚さ、5㎝長さの斜め薄切りにしてから、太めのせん切りにする。水にさらす。ざるにとり、水気をきる。

2 にんじんは5㎝長さの太めのせん切りにする。

3 赤とうがらしは種をとって（p.160）小口切りにする。煮汁の材料は合わせる。

4 鍋にごま油を温め、ごぼうとにんじんを強火で炒める。しんなりしたら、煮汁を加える。汁気が少なくなったら、赤とうがらしを加え、汁気がなくなったら火を止める。

ゴーヤ

「にがうり」とも呼ぶように、独特のにが味がある。塩でもんだり、ゆでたりすると、にが味がやわらぐ。

種とわたをとる

たわしで、イボの間の汚れを洗い、へたの部分を切り落とす。

縦半分に切る。

スプーンなどで種とわたを一緒にとる。

塩もみ

使う厚さに切る。

塩（ゴーヤ1/2本に対し塩小さじ1/6の割合）をふって10分ほどおく。

水気をしっかりしぼる。こうするとにが味がやわらぐ。料理によっては、塩もみせず、そのまま使う。

冷蔵・野菜室

ポリ袋に入れ、へたを上にして立てる。使いかけは、ラップで包み、なるべく早く使いきる。

冷凍

【1か月】

薄切りにし、塩もみをして水気をとり、かためにゆでる。小分けにしてラップで包み、保存袋に入れて冷凍
→凍ったまま加熱調理。

ゴーヤとソーセージの炒めもの

材料

（2人分／
1人分164kcal、塩分1.2g）

ゴーヤ……1/2本（120g）
　塩……小さじ1/6
ウィンナーソーセージ
　……4本（80g）
サラダ油……大さじ1/2
塩・こしょう（黒）……各少々

1. ゴーヤはへたを落とし、縦半分に切る。種とわたをとる。5㎜幅に切り、塩小さじ1/6をふって10分ほどおく。
2. ソーセージは斜めに2～3等分に切る。ゴーヤの水気をしぼる。
3. フライパンに油を温め、ソーセージをまわりがカリッとするまで中火で炒める。
4. ゴーヤを加え、1～2分炒める。塩、こしょうで調味する。

さつまいも

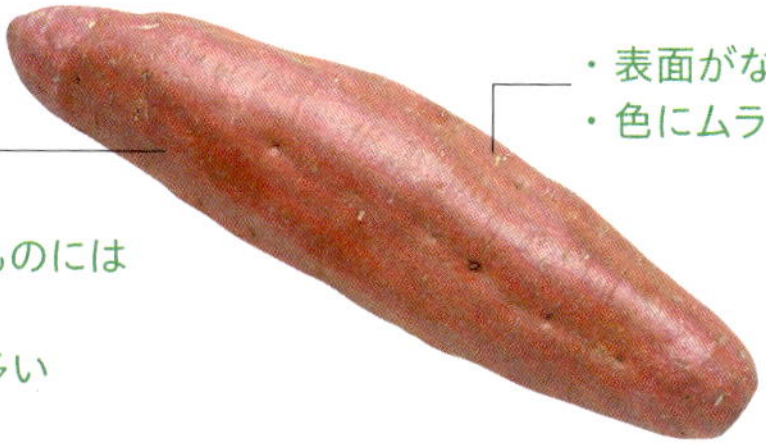
・表面がなめらか
・色にムラがない
・煮もの、揚げものには太めがよい
・細いと繊維が多い

室温

低温に弱いので、新聞紙などに包んで室温に。使いかけはラップで包み野菜室へ。

冷凍

【1か月】

皮をよく洗って切り、水にさらしてかためにゆでる。並べて保存袋に入れて冷凍→凍ったまま加熱調理。

皮は厚めにむく

皮に近い部分も、アクが強く繊維が多い。きんとんなど、きれいに仕上げたいときは、皮の内側に入っている筋を除くように皮を厚くむく。

水にさらす

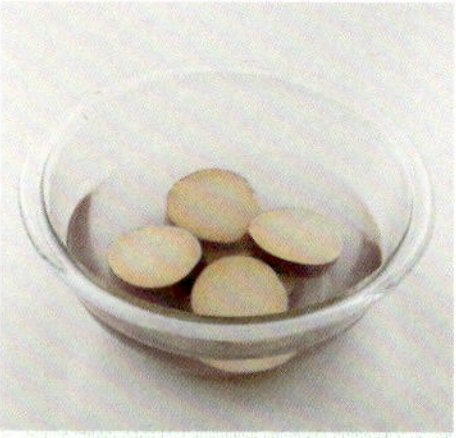

両端はアクが強く繊維も多いので、1～2㎝切り落としてから、料理に応じて切る。切り口はすぐに黒ずむので、切ったらすぐに水にさらす。

皮ごと使うとき

ふつうの煮ものやみそ汁に入れる場合は、たいてい皮ごと使う。洗ってもとれにくい汚れなど気になる部分は、包丁でけずりとる。

さつまいもの田舎煮

材料

（2人分／
1人分 156kcal、塩分 0.7g）

さつまいも …… 1本（200g）

A
- 水 …………………… 150㎖
- 砂糖 ……… 大さじ1・1/2
- 酒 ………………… 大さじ1
- しょうゆ ……… 大さじ1/2

1 さつまいもは皮つきのまま2㎝厚さの輪切りか、大きければ半月切りにする。水にさらして水気をきる。

2 鍋にAとさつまいもを入れる。落としぶたと鍋のふたをし、中火で7～8分、煮汁が少なくなるまで煮る。

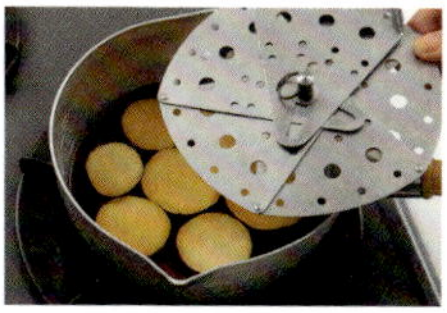

さといも

室温

低温に弱い。1週間ほどなら、泥つきのまま新聞紙に包むか、ポリ袋の口を開いて涼しい場所に。

冷凍

【1か月】食べやすく切って、かためにゆでる。保存袋に入れて冷凍→凍ったまま加熱調理。

・ふっくらしている
・皮が茶褐色で、しめり気がある
・泥つきで売っているものがよい

✕ 避けたいもの

- ◉ひび割れしている。
- ◉ところどころが黒くなっている。
- ◉皮をむいて売っているものは味が落ちる。

泥をゆるませてから洗う

さといもは、しばらく水につけて、泥をゆるませておくと洗いやすい。

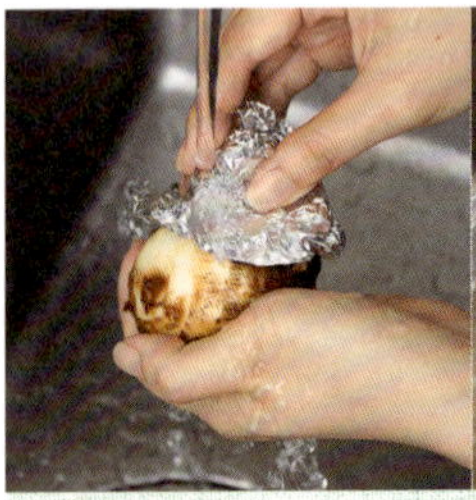

たわしで泥を洗い落とす。たわしがなければ、アルミホイルをクシャッとさせたものでこすってもとれる。

半乾きにしてから皮をむく

ざるにとって水気をきり、半乾きにしてから皮をむく。こうすると皮がむきやすく、むいたあと手がかゆくなりにくい。

両端を切り落とす。

縦に同じ方向に皮をむく。

下ゆでしてぬめりをとる

さといもをボールに入れ、塩（いも 500g に対して塩小さじ 1/2 の割合）をふって、手でもむ。

さといもを塩がついたまま鍋に入れ、かぶるくらいの水を加えて中火にかける。沸騰したら、ざるにとる。

水を流しながら洗い、ぬめりをとる。

ぬめりがあると、ふきこぼれしやすく、味もしみこみにくい。ただし、ぬめりをいかしたいときは、省いてもよい。また、塩でもんで洗い流すだけでも、ぬめりはある程度とれる。

さといもの煮ころがし

材料（2人分／1人分 89kcal、塩分 1.0g）

さといも……300g
だし……150㎖
砂糖・しょうゆ……各大さじ 1/2
酒……大さじ1
塩……少々
ゆずの皮（せん切り）……少々

1 さといもは皮をむき、ひと口大に切る。

2 鍋にだしと調味料を合わせ、さといもを入れる。落としぶたをし、鍋のふたを少しずらしてのせ、強火にかける。煮立ったら火を弱め、15 分ほど煮る。

3 ふたを全部とり、鍋を時々ゆすりながら、煮汁がほとんどなくなるまで煮る。ゆずの皮を散らす。

※煮ころがしでは、ぬめりはとらない。そのまま煮ると、煮汁に少しとろみがつき、さといもの素朴なうま味を味わえる。

きぬかつぎ

小粒なさといもを皮つきのまま加熱して、皮をむきながら、塩やみそをつけて食べる。電子レンジでかんたんにできる。

1 さといもはよく洗い、上 1/3 のところで、皮に切り目をぐるりと入れる。

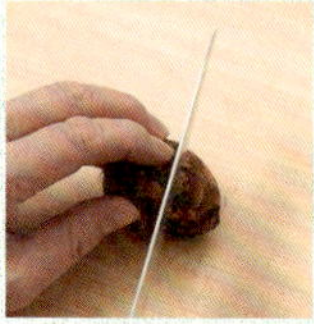

2 水気がついたまま耐熱容器にのせてラップをかけ、電子レンジで加熱する（4 個・100g なら約 2 分・500W）。上下を返してさらに約 1 分加熱する。

3 手でさわれるくらいになったら、上の皮をむいて盛りつける。

さやいんげん

冷蔵・野菜室

ポリ袋に入れて。3～4日はもつが、なるべく早く使う。

冷凍

【2～3週間】

かためにゆでて小分けし、ラップで包み、保存袋に入れて冷凍→凍ったまま加熱調理。サラダにはさっとゆでて。

×避けたいもの

◉白っぽい斑点や黒いしみがある。

◉はりがない。

【モロッコいんげん】

平さやいんげんの一種で、さやの幅が広く、肉厚で全体に大きい。やわらかくて甘味があり、さやいんげんと同じように使える。

・緑が濃くみずみずしい

筋を確認する

筋がないものがほとんどだが、念のため、1～2本、へたのほうを折って、筋があるかないか確認する。あれば、さやえんどう（p.47）のように筋をとる。

へたを切り落とす

筋がないようなら、へたを少し切り落とすだけでよい。

ゆで具合は爪を立ててみる

たっぷりの湯を沸騰させ、さやいんげんを入れる。鮮やかな緑色になったら、菜箸で1本とり、爪を立ててかたさをみる。

広げてさます

好みのかたさになったらざるにとり、重ならないように広げて、すばやくさまし、余熱による変色を防ぐ。

いんげんのごまあえ

材料

（2人分／1人分 55kcal、塩分 0.5g）

さやいんげん ………… 100g

<あえ衣>

すりごま（白）……… 大さじ2

みりん …………… 大さじ 1/2

しょうゆ …………… 小さじ1

1. さやいんげんは、あれば筋をとり、へたを切り落とす。
2. たっぷりの湯を沸騰させ、いんげんをゆでる。ざるにとり、3～4㎝長さに切る。
3. あえ衣の材料を合わせ、いんげんをあえる。

さやえんどう

【スナップえんどう】
豆が成長しても、さやがかたくならない品種で、やわらかく甘味が強い。

・はりがある
・きぬさやとも呼ぶ
・さやが薄く、豆が小さい
・きれいな緑色

✕ 避けたいもの
◉折れたり、黒ずんだりしている。

スナップえんどうの筋は

スナップえんどうの筋は太くて強いので、包丁を使うときれいにとれる。刃元でへたをとり、そのまま筋を引っ張る。もう一方もへた側から、包丁で筋をすくうようにしてとる。

へたから続けて筋をとる

つけ根のほうのへたを折り、続けてまっすぐのほうの筋をひく。もう一方もへた側から筋をとる。筋が細くてやわらかく、途中で切れるようなら無理にとらず、先を残してもかまわない。

広げてさます

重ならないように広げて、すばやくさまし、余熱による変色を防ぐ。

色よくゆでる

たっぷりの湯を沸騰させ、さやえんどうを入れる。鮮やかな緑色になったら、ざるにとる。

冷蔵・野菜室
ポリ袋に入れて。1週間くらいはもつが、なるべく早く使う。

冷凍
【2～3週間】
かためにゆでて小分けし、ラップで包み保存袋に入れて冷凍→凍ったまま加熱調理。青みに使うなら、冷蔵庫解凍。

サラダ野菜

冷蔵・野菜室

葉が折れたり破れていると、そこからいたむので、その葉ははずす。ラップで包むかポリ袋に入れ、芯のあるものは芯を下にする。

冷凍

向かない。

【サラダ菜】

・葉が大きい
・肉厚で緑が濃い
・つややか

【サニーレタス】

・葉先が赤紫色がかっている

【レタス】

・切り口の直径が2～2.5㎝くらいで白い

ほろにがい味わい。レタス類と同じように使う。

【クレソン】

・葉がそろっている
・緑が濃い

【エンダイブ】

・つややかではりがある

【ベビーリーフ】

・どの葉も形がきれいで、色も鮮やか

発芽後10～30日くらいの若い葉を指す総称。いろいろな種類を混ぜたものがサラダ用として売られている。

【チコリ】

・葉先がしまって、白っぽい
・全体がふっくらしている

ほろにがさとザクッとした歯ごたえが特徴。1枚ずつはがし、舟形の葉に具をのせたり、切ってサラダにしたりする。

ほのかにごまのような香りがする。

【ルッコラ】

・緑または黄緑色が鮮やか

【ラディッシュ】

・大きすぎず、表面がきれいなもの

葉を洗う

サニーレタスやクレソンは、水をはったボールの中でていねいに洗って、流水で流す。

生で食べることが多いので、1枚ずつていねいに洗う。レタスを丸ごと1個全部洗うときは、芯をくり抜き、その穴に水を流しこむようにすると、かんたんに葉がはずれる。

水気をとる

水気が残っていると、味が薄まってしまうため、水気はしっかりとる。水きり器は、野菜を入れすぎると均等に水がきれないので、ゆとりをもって入れる。

水きり器がなければ、ペーパータオルかふきんで水気をふく。

手でちぎってもよい

サラダ野菜はやわらかいので、手で適当な大きさにちぎれる。細く切りそろえたいとき以外は、手でちぎるとかんたん。調味料もからみやすい。

◉ドレッシングは直前に

サラダにする野菜は、食べる直前まで冷蔵庫で冷やすとおいしく食べられる。ドレッシングは食べる直前にかける。早くからドレッシングであえると、野菜がしんなりして歯ごたえが悪くなる。

パリッとさせるには

サラダ野菜は、氷水に1～2分つけると、パリッとして歯ごたえがよくなる。

ししとうがらし

・緑色が鮮やか
・つやがある

【ししとうがらし】
辛くないとうがらしの代表。小ぶりで、丸ごと使うことが多い。

【伏見《ふしみ》とうがらし】
京都の伏見周辺で栽培されてきた京野菜で、歯ごたえがある。

【万願寺《まんがんじ》とうがらし】
京都府舞鶴市の万願寺地域で生まれた京野菜。やわらかくて甘味があり、肉厚。

伏見とうがらしも、万願寺とうがらしも、ほかの地域でも栽培されるようになり、夏に出回る。ししとうがらしと同じように使える。

冷蔵・野菜室
買ってきたパックや袋ごと。

冷凍
【2週間】
生のまま小分けしてラップで包み、保存袋に入れて冷凍→凍ったまま加熱調理（にが味が少し強くなる）。

ししとうのゆかり炒め

材料（2人分／
1人分 67kcal、塩分 0.9g）

ししとうがらし	100g
ゆかり	小さじ1
ごま油	大さじ 1/2
［みりん	大さじ1
［しょうゆ	小さじ1

1 ししとうは茎を切りそろえる。みりんとしょうゆは合わせておく。

2 フライパンにごま油を温め、ししとうを強めの中火で炒める。油がまわったら1の調味料を加え、汁気がなくなるまで炒める。

3 火を止めて、ゆかりを加え、ひと混ぜする。

茎を切りそろえる

へたは残し、茎を切りそろえる。それほどかたくないので、比較的長く残してもよい。2～3個まとめて切っていくと手早くできる。

破裂を防ぐには

丸ごと揚げるときは、破裂しやすいので、切り目を入れる。炒める程度なら必要ない。

じゃがいも

室温

温度が高いとしなびやすく、光にあたると芽が出やすい。ポリ袋から出し、紙袋など光を通さないものに入れ、涼しい場所に。室温が高いときは、ポリ袋に入れて野菜室へ。

冷凍

【2～3週間】

小さめに切り、電子レンジでかために加熱（200gで約3分）。小分けしてラップで包み、保存袋に入れる→凍ったまま加熱調理（食感は多少悪くなる）。

×避けたいもの

- ●皮色にムラがある。
- ●黒い斑点や傷、しわがある。
- ●日光にあたって緑色がかっている。

【メークイン】

煮くずれしにくい

【新じゃが】

粉ふきいもなどには向かない

【男爵《だんしゃく》】

・ふっくら丸い

芽は必ずとる

芽や緑色になった部分には、ソラニンという毒素が含まれているので、きちんととる。

芽は、包丁の刃元や皮むき器の芽とりを使ってえぐりとる。緑色の部分は、皮を厚めにむく。皮をむくときは、むいてから芽をとる。

泥を落とす

たわしで泥を落とす。皮ごと使うときは、くぼみの中もていねいに洗う。汚れをしっかり落とせば、皮ごと食べられる（新じゃがは皮ごと食べることが多い）。

粉ふきいも

粉をふくほど、じゃがいもの水分をしっかりとばす。そのまま肉や魚料理に添えたり、熱いうちにつぶしてポテトコロッケやマッシュポテトに使う。

1 皮をむいて食べやすい大きさに切り、鍋に入れて、いもの頭が見えるくらいの水を加える。ふたをし、中火で10分ほど（じゃがいも2個のめやす）、竹串がすっと通るくらいのやわらかさになるまでゆでる。

2 水分が残っていたら、ふたをとって強火にし、水気をとばす。

3 最後に、ふたをして鍋をゆすり、いものまわりに粉がふいたようになったら火を止める。

切ったら水にさらす

切ってそのままにしておくと、茶色く変色する。水に1分ほどさらすと変色が防げる。

水につけすぎると、でんぷんが抜けてホクホクしなくなるので、注意。料理によってはさらさずに使うこともある。

ズッキーニ

緑色が主だが、黄色のものもある。

きゅうりに似ているが、かぼちゃの仲間。生食もでき、淡泊な味なので、さまざまな料理に使える。

・皮につやとはりがある
・色が濃く、色ムラがない

輪切り

端から切っていく。皮は、やや味がしみにくいが、歯ごたえを味わえる。

両端を切り落とす

両端はかたいので切り落とす。皮はむかずに使える。

生で食べるには

薄切りにし、そのままでも食べられるが、塩少々をもみこむと、しんなりしてやわらかくなり、食べやすい。

縦割り

適当な長さに切り、それぞれ縦に6～8つ割りに切る。味がしみやすい。

室温

低温に弱いので、丸ごとなら冷蔵庫ではなく、冷暗所で保存する。使いかけは、ラップで包んで野菜室へ。

冷凍

【1か月】

使いやすい形に切り、かためにゆでる。小分けしてラップで包み、保存袋に入れる→凍ったまま加熱調理。

ズッキーニのガーリック炒め

材料

（2人分／
1人分 33kcal、塩分 0.3g）

ズッキーニ …… 1本（150g）
にんにく …… 小1片（5g）
オリーブ油 …… 小さじ1
塩 …… 小さじ1/8
こしょう …… 少々

1. ズッキーニは両端を切り落とし、4㎝長さに切る。縦に6～8つ割りにする。
2. にんにくはみじん切りにする。
3. フライパンに油とにんにくを入れ、弱火で炒める。
4. 香りが出てきたら、ズッキーニを入れて中火で2分ほど炒め、塩、こしょうで調味する。

3

4

スプラウト

冷蔵・野菜室

買ってきたパッケージのまま。

冷凍

向かない。

スプラウトとは植物の「新芽」のこと。独特のシャキシャキした食感を味わう。発芽のために蓄えられた栄養素が凝縮している。

✕ 避けたいもの

◉葉がいたんで、くっつき合っている。

- 葉が新鮮で緑色が濃い
- 茎がピンとしている

【豆苗《とうみょう》】
えんどうの新芽。手前は根をカットしたもの。

【かいわれだいこん】
だいこんの新芽。

【そばスプラウト】
そばの新芽（根をカットしたもの）。

【ブロッコリースプラウト】
ブロッコリーの新芽。

スプラウト野菜の洗い方

根を切り落とす。

かいわれだいこんなど、小さいスプラウト野菜は、葉のほうを持って、水を流しながらボールの中でふり洗いすると、茶色い殻がとれる。持ちかえて、葉のほうも洗い、ざるにあげて水気をきる。

豆苗の洗い方

根を切り落としたあと、水をはったボールに入れ、水を流しながら洗う。両手で持って、なるべくバラバラにならないようにする。

そのままざるにとる。

セロリ

・葉先が鮮やかな緑色
・茎を押すとかたい

避けたいもの

- ◉茎を押すとへこむ。
- ◉葉先が黄色い。
- ◉茎の切り口にスが入っている。

食べるのは、基本的には茎の部分。まず、葉と茎の部分で大きく分けてから、上部の葉と小さな茎を分ける。葉も下記のように、食べられる。

冷蔵・野菜室

葉と茎に分けてからラップで包む。

冷凍

【2～3週間】

使いやすく切り、生のまま保存袋に入れて冷凍→凍ったまま加熱調理。

かたい筋をとる

茎の外側の筋はかたいので、除く。根元のほうに包丁を浅く入れ、筋を引っかける。葉のほうに向かってゆっくり引いて筋をとる。

根元近くの太い筋が、自然にとれる程度でよい。また、薄い小口切りやみじん切りにするときは、筋は細かく切断されるので、とらなくてもよい。

皮むき器で、根元から、薄く皮をむくようにして筋をとることもできる。

セロリの葉のおかかあえ

材料

（2人分／
1人分 20kcal、塩分 0.3g）

セロリの葉（小さな茎を含む） …… 1本分（50g）
サラダ油 …… 小さじ 1/2
しょうゆ・酒 … 各小さじ 1/2
けずりかつお …… 小1袋（3g）

1. セロリの葉は熱湯でさっとゆでて水にとる。水気をしぼって細かく切る。
2. 鍋に油を温め、1を炒める。しょうゆと酒を加えて炒め、汁気がなくなったら、けずりかつおを混ぜて火を止める。

そら豆

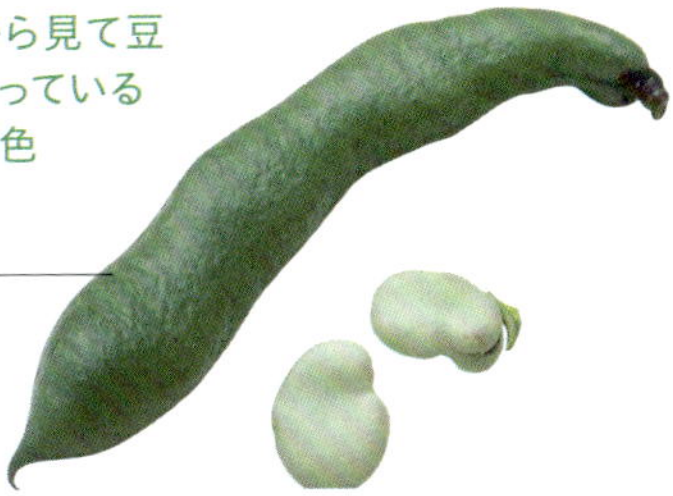

・さやの外から見て豆の形がそろっている
・きれいな緑色

✕ 避けたいもの

◉筋の部分が茶色に変色している。

黒い爪ははがす

黒い爪のように見える部分は、包丁の刃元ではがしとる。

豆をとり出す

さやを割って豆をとり出す。さやから出した豆はすぐにかたくなるので、調理の直前にむくようにする。

お歯黒豆と若い豆

豆は若くて爪が青いもの（左）と、熟して爪が黒くなっているもの（右）がある。爪の黒い豆はお歯黒と呼ばれ、青いものよりかため。

切りこみを入れる

豆の下のほうか爪の部分に、5㎜くらいの切りこみを入れると、味がしみやすくなる。

塩ゆでの塩の量は、豆150gに対して〈湯600㎖＋塩小さじ1強〉。ゆで時間のめやすは、3～4分。

冷蔵・野菜室

さやつきのほうが鮮度を保てる。そのままポリ袋に入れる。

冷凍

【1か月】

さやから出してかためにゆで、保存袋に入れて冷凍→加熱調理なら冷蔵庫で半解凍し、皮をむく。サラダに使うなら冷蔵庫で解凍し、皮をむく。

だいこん

・緑色が濃く新鮮
・かたくしまって
ずっしりしている
・白くはりがある

❌ 避けたいもの

◉切ったときに断面に水気がなく、スカスカなものを、「スが入っている」という。水気がなく、おいしくない。

冷蔵・野菜室

葉つきなら葉を切り離す。ポリ袋に入れて。使いかけは、切り口をラップで包む。

冷凍

【1カ月】

・使いやすく切ってかためにゆで、ラップで包み、保存袋に入れて冷凍→凍ったまま加熱調理。

・せん切りにして塩もみにするか、すりおろす。水気をきり、小分けしてラップで包み、保存袋に入れて冷凍→冷蔵庫で解凍。

料理によって使い分ける

部分によって歯ごたえや味が違うので、料理に合ったところを使う。

葉をつけておくとスが入りやすいので、まず葉を切り落とす。

【先端】やや辛味があるので、味の濃い料理や、みそ汁の実、漬けものなどに使うとよい。

【中央部】甘味と辛味のバランスがとれた部分。煮ものやおでんなど。生食でも。

【つけ根】甘味があるので生食向き。だいこんおろし、サラダ、酢のものなどに。

【葉】熱湯でさっとゆでて水にさらし、水気をきってきざみ、菜めし、ごまあえ、炒め煮、汁の実などに使う。

いちょう切り

だいこんを縦に4つ割りにし、これを端から切る。

半月切り

縦半分に切ったものを端から切る。

かくし包丁

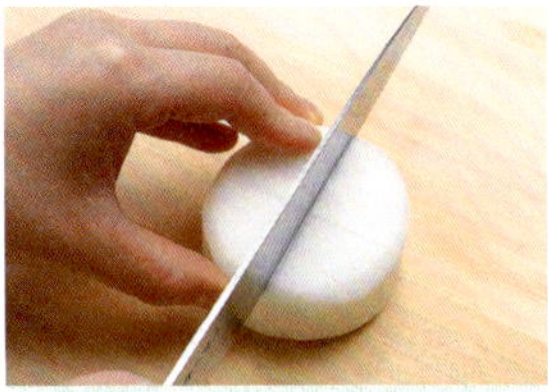

ふろふきやおでん用にだいこんを輪切りにする。この切り口の一方に十文字の切り目を入れる。火の通りや味のしみこみがよくなる。

千六本《せんろっぽん》

だいこんの太めのせん切りのこと。

5～6㎝長さに切り、縦半分に切る。切り口を下にして安定させ、縦に2㎜幅の薄切りにする。

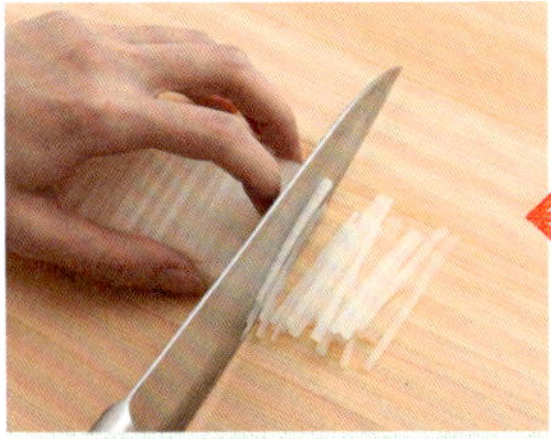

切ったものをずらして重ね、端から2～3㎜幅に切っていく。

面とり

切り口の角を薄くそぎとるようにけずる。煮たときに角が欠けて形がくずれるのを防ぐ効果がある。

かつらむき

皮をむくように、身をごく薄く帯状にむくこと。5～6㎝長さの輪切りにしたあと、包丁の刃元のほうを細かく上下に動かすようにし、だいこんを少しずつ回しながら薄くむく。

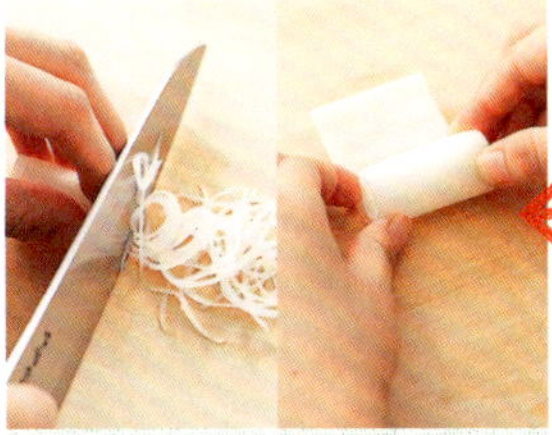

かつらむきにしただいこんは、クルクルと丸めて端からごく細く切ると、長いせん切りとなり、刺身の「つま」になる。

もみじおろし

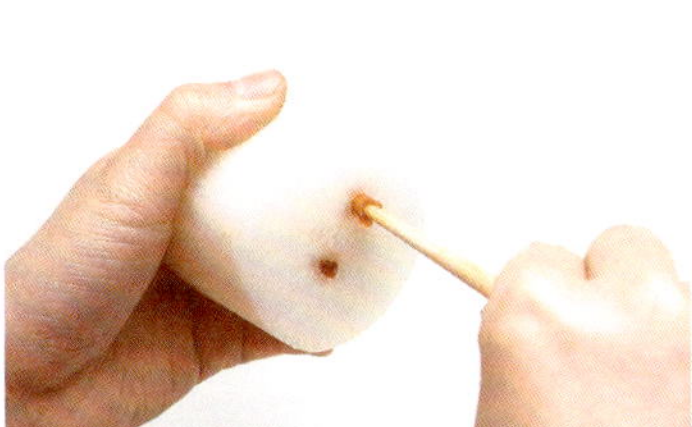

赤とうがらしを水につけてやわらかくし、2つに切って、種をとる(p.160)。だいこんに菜箸で穴をあけて、とうがらしを箸で押しこみ、一緒にすりおろすと、もみじおろしができる。

だいこんおろし

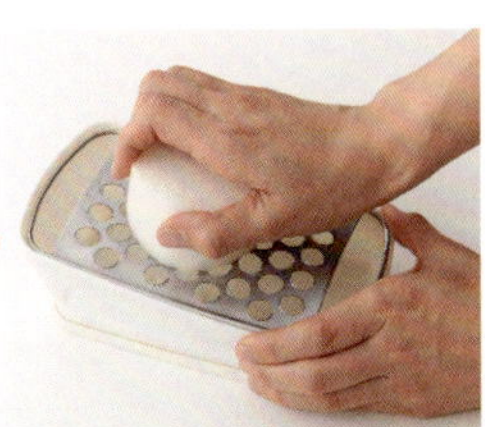

1人分約50g(卵くらいの大きさ)がめやす。太くてすりおろしにくければ、半分に切る。

おろしただいこんはざるにとり、自然に水気をきると、ほどよい状態になる。

たけのこ

×避けたいもの
- ●大きさの割に軽い
- ●切り口が茶褐色でヌルヌルしている

掘りたてはやわらかい。時間がたつにつれて、かたく、えぐみが出てくる。米のとぎ汁かぬかを入れて下ゆでしてから使う。

・ずんぐり太い
・白くみずみずしい
・つやがある

皮ごとゆでる

皮つきのまま土を洗い落とし、根元のかたい部分を切り落とす。根元の赤い粒々のあるところをけずりとる。

身のない先の部分を斜めに切り落とす。

身を傷つけないように、皮の厚みの 1/3 くらいまで縦に1本、切りこみを入れる。

大きな鍋に入れ、かぶるくらいの米のとぎ汁をそそぐ(または、水1ℓに対して米ぬか10gを入れる)。赤とうがらし1本を入れて火にかけ、落としぶたをして中火で30～60分ゆでる。

竹串を刺してみて、すっと通るようになったら火を止め、汁に入れたままさます。

完全にさめたら、縦の切りこみに指を入れ、くるっと一度に皮をむく。

先端がいちばんやわらかく、根元に近づくにつれてかたくなる。先端に近い部分はあえものやすまし汁に、根元は煮ものや炒めものに向く。

穂先の皮は、「姫皮」と呼ばれ、白くてやわらかいので、むいてしまわずに残す。

冷蔵

買ったらすぐゆでて皮をむき、水につけて保存。毎日、水をかえれば約1週間もつ。少量の残りならラップで包む。

冷凍

【3週間】

使いやすい形に薄めに切ってラップで包み、保存袋に入れる→凍ったまま加熱調理(食感は少しザラつく)。

たけのこのかか煮

材料（2人分／1人分 68kcal、塩分 1.3g）

ゆでたけのこ …… 200g
けずりかつお …… 5g
A 水 …… 200mℓ
A しょうゆ・みりん …… 各大さじ1

1 たけのこは、穂先は4cm長さのくし形、太い部分は1cm厚さの半月、またはいちょう切りにする。

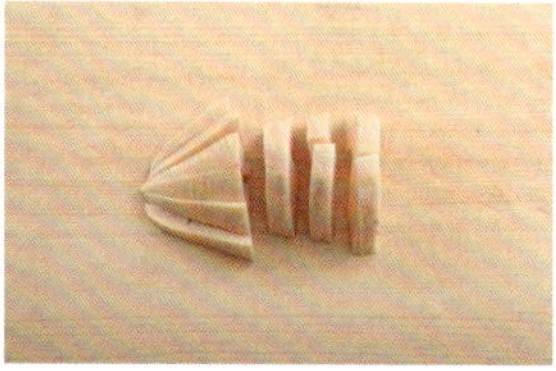

2 鍋に、たけのことけずりかつお、Aを入れ、強火にかける。

3 煮立ったら、落としぶたとふたをして、中火で10～15分、煮汁がほとんどなくなるまで煮る。

ゆでたけのこの細切り

根元に近い部分を選ぶと、細切りがしやすく、上手にできる。

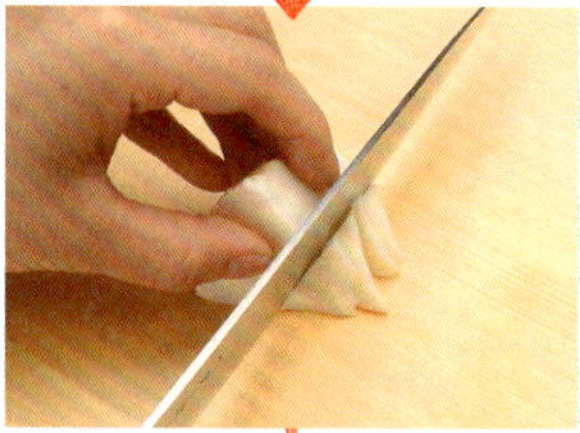

ギザギザの節《ふし》のところを切り落とす。この部分も捨てずにあとで混ぜて使う。

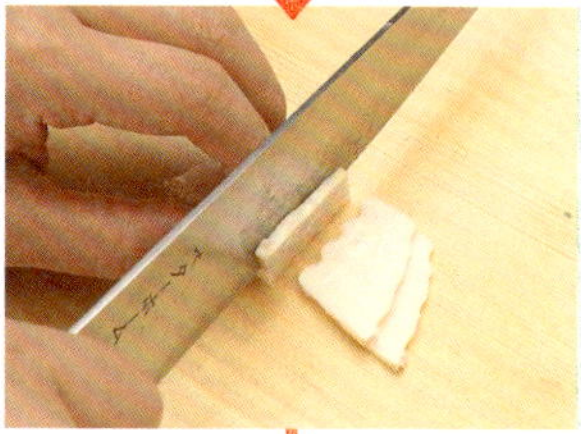

繊維にそって薄切りにする。

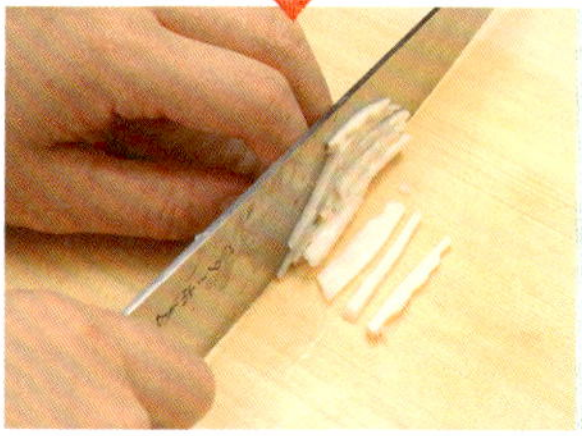

薄切りを何枚かずらして重ね、同じく繊維にそって細切りにする。

◉ゆでてにおいをとる

ゆでてから売っているゆでたけのこや缶詰のにおいが気になるときは、使う前にさっとゆでるとよい。白い粉状のものはアミノ酸が固まったものなので、心配ない。

かぶるくらいの湯を沸かしてゆでたけのこを入れ、ひと煮立ちしたらざるにとる。

たまねぎ

・皮が透き通るような茶色で乾いている
・球がかたい

✕ 避けたいもの

◉押すとやわらかい。
◉先端から芽が出ている。

【新たまねぎ】
春から初夏にかけて出るもので、甘味があってやわらかい。

【紫たまねぎ】
別名レッドオニオン。辛味が少ないので、サラダなどに向く。

【小たまねぎ】
別名ペコロス。丸ごと煮ものなどに使う。

皮をむく

さっと水洗いして、根元を切り落としてから、茶色い皮をむく。

くし形やみじん切りにするときは、バラバラにならないように、根元部分は薄く切り落とす。

たまねぎの茶色いところは、本来は皮ではなく、内側の白い部分と同じもの。乾いて茶色くなっただけなので、その部分だけ除く。

くし形切り

縦半分に切り、切り口をまな板にあてて、繊維にそって切り分ける。包丁をたまねぎの中心に向かって切っていくと、きれいに切りそろえられる。

輪切り

繊維を断つように、横に、丸い形に切る。

繊維の方向

薄切り❶

縦切り・繊維に平行

縦半分に切って、切り口をまな板にあてる。繊維にそって薄く切る（レシピで指定がない場合はこちら）。

薄切り❷

横切り・繊維に直角

繊維を断つ向きで切ると、たまねぎの香りが強く出る。水にさらしたとき、辛味がとれやすく、生食に向く（p.61）。

室温または野菜室

湿気を嫌うので風通しのよい、直射日光のあたらないところに。夏は野菜室に。新たまねぎ、紫たまねぎはいたみやすいので野菜室へ。

冷凍

【1か月】

薄切り、みじん切りなどにしてラップで包み、保存袋に入れて冷凍↓凍ったまま使う。

たまねぎを炒める

たまねぎは加熱すると辛味がとんで甘味がでるので、よく炒めて味のベースを作ることが多い。料理によって、炒め具合は違ってくる。写真は中1個分（約 200g）の薄切りをバター 10g（油なら小さじ 1）で炒めたもの。みじん切りでも同じ。量が増えれば、時間はもっとかかる。

厚手の鍋やフライパンに油かバターを温め、炒める。たまねぎから水分が出るので、しんなりするまでは強めの中火。3分くらいで透き通ってくる。

色がつき始めたら弱火にする。写真は炒め始めから約10分。

こがさないように、茶色くなるまで炒める。写真は炒め始めから約20分。形がなくなるまで炒めるには、約30分かかる。

多めに炒めて冷凍保存しておくと便利。ハンバーグなどは半解凍で混ぜ、煮こみ料理には凍ったまま加える。

水にさらして辛味をとる

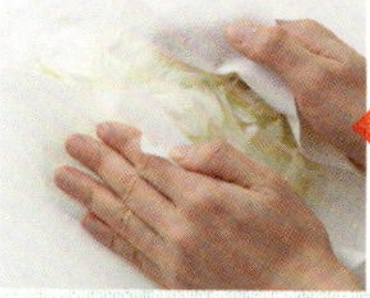

生で食べるときは、5分ほど水にさらすと辛味がとれる。ざるにとり、ペーパータオルで水気をふいてから使う。

みじん切り

縦半分に切る。切り口をまな板にあて、根元のほうを少し残して細かい切りこみを下まで入れる。

手前にあった部分を右にして向きをかえ、包丁を横にして、根元のほうを少し残して厚みに1～2か所切りこみを入れる。

両側をしっかり押さえ、切りこみを入れた側から細かく切っていく。

残りの根元に近い部分は、放射線状に切りこみを入れ、根元を残して端からきざむ。

もっと細かくしたいときは、さらに包丁で細かく切る。左手で包丁の刃先を軽く押さえ、刃元を細かく上下に動かしながら、まな板の上を移動させて切る。

みじん切りのとき、涙が出るのをおさえるには、たまねぎを冷蔵庫で冷やしておき、よく切れる包丁で手早く切るのがコツ。

チンゲンサイ

・くびれている
・白くてみずみずしい
・はりがある
・ピンとしている
・淡緑色でつやがある
・幅広で厚みがある

チンゲンサイをはじめとする中国野菜はアクが少ないのが特徴。炒めものや煮ものに使うときは、下ゆでせずに直接加熱する。

【タアサイ】

チンゲンサイよりにが味がある。炒めものに向く。

【空芯菜《くうしんさい》】

名前の由来は、茎の中が空洞なため。葉に少しぬめりがあり、炒めものに向く。

1枚ずつ使うとき

さっと洗ってから、根元をやや深めに切る。

葉をはずし、茎の内側の泥などをきれいに洗い落とす。

株の形で使うとき

根元に切りこみを入れ、料理によって2つか、4つ割りにする。

水を流しながら根元と葉の間をよく洗う。

冷蔵・野菜室

ポリ袋に入れ、なるべく立てる。

冷凍

【生/1週間】
【ゆで/1か月】

生のままざく切りか、かためにゆで、小分けしてラップで包み、保存袋に入れて冷凍→凍ったまま加熱調理。

とうがん

・切り口が新鮮でみずみずしい

かぼちゃのように切り分けて、ラップで包んで売られていることが多い。

・皮にはりがある
・重量感がある

夏にとれるが、丸ごと冷暗所に置けば冬までもつので冬瓜《とうがん》（冬の瓜）と名づけられた。生でも食べられるが、煮ものやスープに使うことが多い。

冷蔵・野菜室

切ったものは、いたみやすい。種やわたを除き、ラップで包む。

冷凍

【3週間】皮はむき、使いやすい大きさに切り、かためにゆでる。ラップで包み、保存袋に入れて冷凍→凍ったまま加熱調理。

種とわたをとる

大きいままとり除きたい場合は、種とわたを一緒にスプーンですくうようにとる。

切り分けてからとることもできる。その場合は、包丁の刃先で切りとる。

かたい場合は、こちらのほうが除きやすい。

皮をむく

皮はかたいので、小さく切り分けてから、まな板に安定させて置き、包丁で切り落とす。

薄くむくには皮むき器

皮の下のきれいな薄緑色をいかすために、皮を薄めにむくことがある。その場合は、皮むき器を使うとよい。

とうがんととり肉の煮もの

材料

（2人分／1人分126kcal､塩分1.1g）

- とうがん ……… 200g
- とりもも肉 ……… 100g
- しょうが ……… 小1かけ（5g）
- A
  - 塩・こしょう ……… 各少々
  - かたくり粉 ……… 小さじ1
- B
  - 水 ……… 200㎖
  - 酒 ……… 大さじ1
  - 砂糖・中華スープの素 ……… 各小さじ 1/2
  - しょうゆ ……… 小さじ 1/2
  - 塩 ……… 少々

1. とうがんは種とわたをとり、3～4㎝角に切る。皮を薄くむく。しょうがは薄切りにする。
2. とり肉はひと口大に切り、Aをもみこむ。
3. 鍋にBを入れて強火にかける。煮立ったら1と2を入れ、アクをとる。ふたをずらしてのせ、弱火で15分ほど煮る。

トマト

✕ 避けたいもの
◉角ばったものは中がスカスカ。
◉へたの近くにひび割れがある。

・へたが緑色で鮮やか
・平均して赤い
・かたくしまっている
・丸みがある

・へたを下にして置き、上からみたときに、星状の白い筋がはっきりしている

【ミニトマト】

冷蔵・野菜室

ポリ袋に入れて。へたのほうを下にするとつぶれにくい。

冷凍

【1か月】

ひと口大に切って小分けするか、丸ごとラップで包み、保存袋に入れて冷凍→凍ったまま加熱調理。丸ごとは、凍ったまま水につけると、皮がむける。

皮の湯むき

ソースや炒めもの、煮ものに使うときは、皮があると舌ざわりが悪いので、熱湯につけてむく（湯むき）。

おたまなどにトマトをのせ、熱湯に3〜5秒つける。

すぐに冷水につける。皮がはがれてくるので、そこから手でむく。

種をとる

ソースなどを作るときは、舌ざわりと味をよくするために、種をとる。

横に2つに切って、スプーンで種を出す。

輪切り

横向きにまっすぐ立てて切る。

小さく切るときは

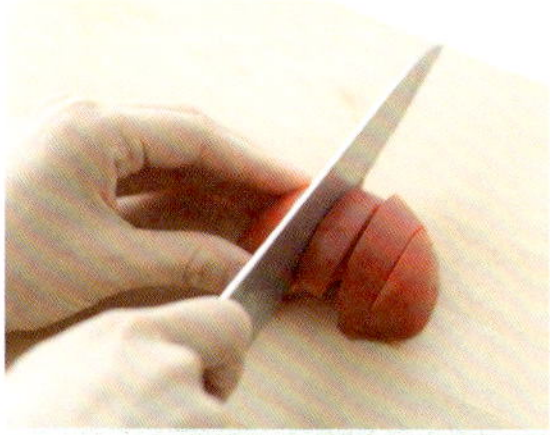

平らな切り口を下にして、安定させる。包丁の刃をすべらせるように切ると、きれいに切れる。

くし形切り

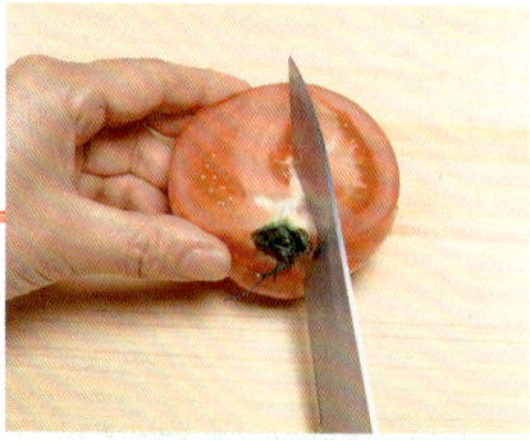

縦半分に切り、へたのついた白い部分を三角形に切りとる。

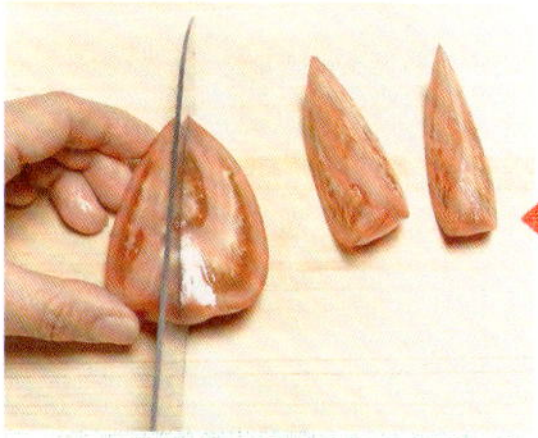

半分をそれぞれ放射線状に切る。

トマトの加工品

【トマト缶】
湯むきしたトマトをトマトピューレまたはトマトジュース、水につけたもの。トマトが丸ごと入ったものは「ホールトマト」、切られているものは「カットトマト」という。トマトソースやシチューなどのトマトを使った煮こみ料理全般に利用できる。

【ドライトマト】
トマトを乾燥させたもの。イタリア料理によく用いられる。うま味が凝縮しているため、料理に使うと味に深みが出る。水や湯につけてもどして使うのが一般的。塩分があるので、調理の際は塩の分量に気をつける。

【トマトペースト】
完熟したトマトを裏ごしし、煮つめて凝縮させたもので、トマトピューレよりも濃度が高い。ソースや煮こみ料理にかくし味として使ったり、料理にトマトの酸味をあまり出さずに赤色をつけたいときに使う。

【トマトピューレ】
完熟したトマトを裏ごしし、煮つめて凝縮させたもの。トマトは90%以上が水分なので、煮つめるのに時間がかかるが、ピューレは濃厚な味を手軽に出せて便利。トマトを使った料理全般に利用できる。

なす

室温

低温に弱い。2～3日なら、ポリ袋に入れ涼しい場所に。それ以降は野菜室へ。

冷凍

【1か月】

生は向かない。焼いたり、揚げるなど加熱すれば可能。小分けしてラップで包み、保存袋に入れて冷凍→凍ったまま加熱調理。

✕ 避けたいもの

- ◉皮に傷がある。
- ◉しなびている。

【米なす】
果肉がしまっていて、ソテーや焼きもの、揚げもの向き。

【卵形なす・長なす】
果肉が適度にしまり、くせのない味わい。さまざまな料理に使える。

- ・がくにさわるととげが痛い
- ・へたの切り口が新しい
- ・暗紫色
- ・つやがある

（すべて共通）

切り目を入れる

丸のまま調理するときや、大きく切って使うときは、皮に細かく切り目を入れると味がしみこみやすくなる。切り目は、斜め格子や縦などさまざま。

—皮をところどころむいても、同じ効果がある。

へたを切り落とす

水で洗い、がくの切りこみが深いところに包丁を入れて、へたを切り落とすとがくもとれる。

へたを残して、がくをとるとき

焼きなすなどへたをつけたまま調理する場合は、へたの先端を切る。

がくの切りこみが深いところに、ぐるりと浅く切り目を入れる。

余分ながくを、とり除く。

水にさらす

なすはアクが強く、空気にふれると変色するので、切ったらすぐに水につける。さらす時間は1～2分。あまり長くさらすと栄養分も逃げてしまう。

油で揚げたり、炒めたりするときは、水につけず、切ったらすぐ調理する。油で調理すると、なすのアクは甘味に変わる。

にら

冷蔵・野菜室

ポリ袋に入れる。

冷凍

【2～3週間】

生のまま冷凍できる。食べやすく切って保存袋に入れて冷凍→凍ったまま加熱調理。

【にら】

・葉が厚く、はりがある

水にぬれるといたみやすいので、使う直前に洗い、根元を少し切り落として使う。

【黄にら】

香りがやわらかく、生でサラダにしたり、炒めて食べる。

・つぼみのかたいもの

【花にら】

炒めたり、ゆでたりして、つぼみまで食べられる。

にらレバ炒め

材料

（2人分／1人分 109kcal、塩分 1.2g）

- 豚レバー …… 100g
- A しょうゆ …… 小さじ 1/2
- A 酒 …… 小さじ 1
- にら …… 1束（100g）
- にんにく …… 小1片（5g）
- サラダ油 …… 大さじ 1/2
- B 酒 …… 大さじ 1/2
- B しょうゆ …… 大さじ 1/2
- B 塩・こしょう …… 各少々

1 にらは4㎝長さに切る。にんにくは薄切りにする。

2 レバーはひと口大に切り、水をかえながら洗う（p.132）。

3 水気をふいて、A をまぶす。

4 B は合わせる。

5 フライパンに油とにんにくを入れて弱火にかけ、にんにくの香りが出たら、火を強めてレバーを炒める。レバーに焼き色がついたら、にらを加えてひと混ぜし、B を加えて大きく混ぜ、すぐに火を止める。

にんじん

冷蔵・野菜室

ラップで包むかポリ袋に入れる。使いかけは切り口をラップで包む。

冷凍

【1か月】

薄めに切ってかためにゆでる(A)か、せん切りを塩もみする(B)。いずれも小分けにしてラップで包み、保存袋に入れて冷凍→A凍ったまま加熱調理/B冷蔵庫で解凍。水気をしぼって使う。

・色がきれい
・肌がなめらか
・芯の直径が小さい

✕ 避けたいもの

◉肌にコブがある。
◉切り口が黒ずんでいる。
◉頭が緑色。

皮をむくなら

にんじんの皮やひげ根は、出荷時に洗浄する際に除かれる。皮と思っている部分は、皮の下の部分の表皮。きれいなら、水洗いだけでむかずに使える。

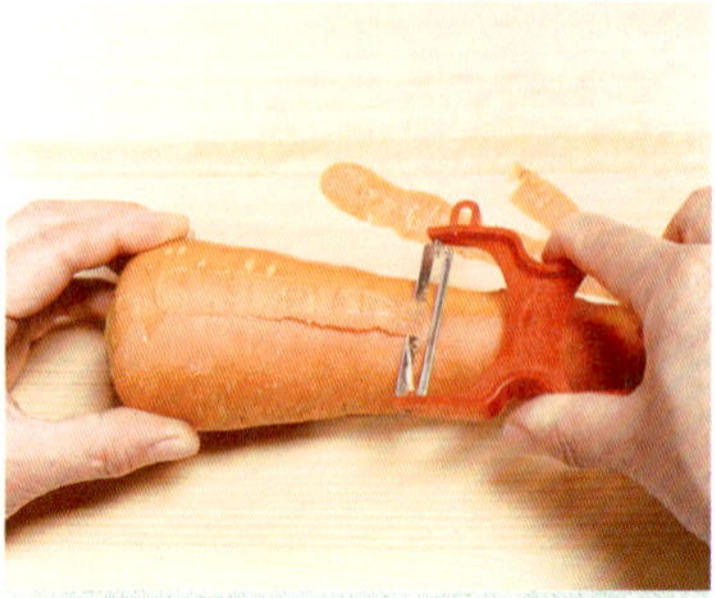

皮(表皮)は加熱すると黒くなることがある。色よく仕上げたい料理の場合は、むいて使う。なるべく薄くむくには、皮むき器が便利。

にんじんの先のほうは、まな板の端にのせるとむきやすい。

乱切り

斜めに切ったら、にんじんを手前に90度回転させ、切り口を上にして包丁を斜めに入れて切る。

表面積が大きくなるため、火の通りがよく、味もしみこみやすい。

せん切り（繊維にそった切り方）

必要な長さに切ってから、縦に薄く切る。

少しずつずらして重ね、端から細く切る。

梅花《ばいか》にんじん

赤色をいかして梅の花形に作り、彩りとして使う。

抜き型の直径より太い部分を2～3㎝厚さに切る。

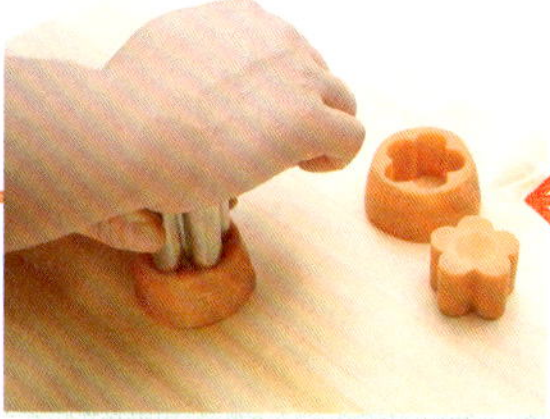

切り口に型をあて、力を入れて下まで抜く。型の中のにんじんを押し出す。

5～6㎜厚さに切るとできあがり。切れ端は、細かく切って、スープや炊きこみごはんに。

ねじり梅

型で抜いたにんじんに包丁を入れて、花びらに凹凸をつけ、立体的にする。おもてなしや、おせちに最適。

梅花にんじんの花びらの切りこみから中心に向かって、浅く包丁を入れる。

花びらの片側を斜めにそぎとる。

同じ向きに5か所ともそぎとって、できあがり。

にんじんのグラッセ

材料（2人分／1人分 37kcal、塩分 0.4g）

にんじん …………… 1/2本（100g）

A
- 砂糖 …………… 小さじ1
- バター …………… 5g
- 塩 …………… 少々

1. にんじんは皮をむいて1㎝幅の輪切りにする。
2. 鍋ににんじんの表面が見えるくらいの水（ひたひたの水）とAを入れ、ふたをして弱火でやわらかくなるまで6～7分煮る。

3. 煮汁が少なくなったらふたをとり、火を強めてつやを出す。

ねぎ

大きく分けると、白い部分を食べる根深ねぎと、緑色のやわらかい部分を食べる葉ねぎがある。葉ねぎには九条ねぎ、小ねぎなどが含まれる。

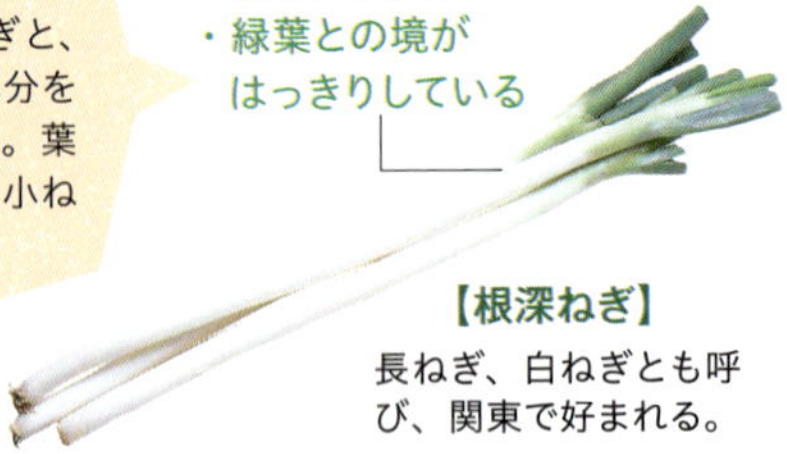

・白くつややか
・緑葉との境がはっきりしている

【根深ねぎ】
長ねぎ、白ねぎとも呼び、関東で好まれる。

・はりがあり緑色が鮮やか

【小ねぎ】
葉ねぎを若どりしたもの。「万能ねぎ」がよく知られている。

【九条ねぎ】
葉が長くてやわらかい。青ねぎとも呼ばれ、京都九条が主産地だったが、西日本で広く栽培されている。

【わけぎ】
たまねぎとの雑種で、葉がやわらかくねぎよりも辛味が少ない。

【あさつき】
ねぎとは違う種類で、辛味が強い。薬味として使うことが多い。

✕ 避けたいもの

◉**根深ねぎ** 白い部分がフカフカしてやわらかい。
◉**葉ねぎ** 表面がカサカサしている。

根深ねぎの使い方

小口《こぐち》切り

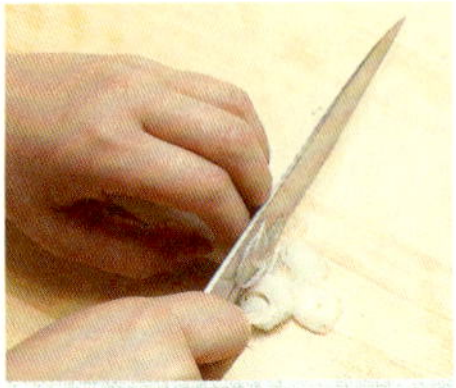

端から薄く切る。小口切りは、細長いものを端から切ること。

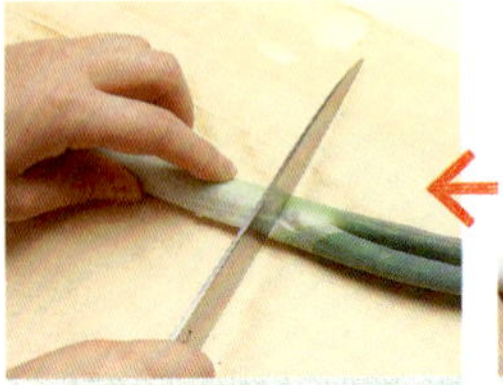

緑色の部分の根元に近いところはやわらかいので、少し残して切りとる。

洗ったあと、乾燥したり、汚れが落ちない薄皮はむく。泥つきのものは、汚れた皮をむいて洗う。

◉緑の部分の使い方

根深ねぎの緑色の部分は、かたくて香りが強いので生食には不向き。炒めものなどの加熱調理に利用する。また、冷凍しておいて、スープの香りづけや肉を煮るときのくさみとりなどに利用できる。写真のように手でつぶしておくと香りが出やすい。

冷蔵・野菜室

・**根深ねぎ** 適当な長さに切ってラップで包む。
・**葉ねぎ** ポリ袋に入れる。

冷凍

【1か月】

・**根深ねぎ** 使いやすい形に切り、小分けしてラップで包み、保存袋に入れて冷凍。
・**葉ねぎ** 水気をとって小口切りにし、小分けしてラップで包み、保存袋に入れて冷凍。
→どちらも凍ったまま加熱調理。薬味には凍ったまま汁ものに入れるか、冷蔵庫で半解凍。

せん切り

5～6㎝長さに切り、縦に切りこみを入れて、薄いクリーム色の芯をとり除く。白い部分を広げ、縦に（繊維にそって）細く切る。4～5枚重ねて切るとよい。

みじん切り（斜めに切りこみ）

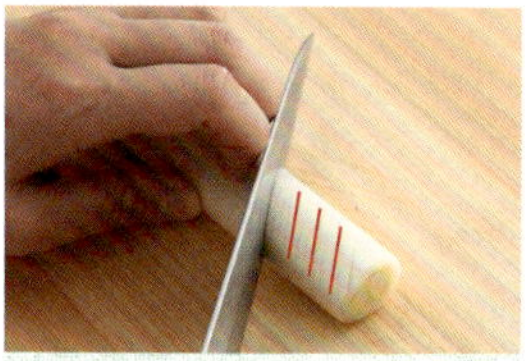

厚みの半分まで斜めに切りこみを入れ、裏返して同じ方向に切りこみを入れる。

端から切るとみじん切りになる（少し粗めの仕上がり）。

みじん切り（縦に切りこみ）

端を少し残して、縦に2～3㎜幅に切りこみを入れる。一周入った状態にする。

切りこみを入れたほうから、細かく切る。

小ねぎの小口《こぐち》切り

白い根の部分は切り落とす。

切りやすいように、長さを3～4等分し、先端の細い部分と根元に近い太い部分が交互になるように重ねる。そろえて押さえ、端から薄く切る。

長さと重量

一般的な太さの根深ねぎは、5㎝で約10g。覚えておくと便利。

かくし包丁

煮たり、焼いたりしたねぎをかむと、熱い芯が飛び出すことがある。厚みの1/3程度まで、1㎝間隔に隠し包丁を入れておくと、飛び出しにくい。

白髪《しらが》ねぎ

せん切りと同じ要領で、ごく細く切り、水にさらしてパリッとさせる。

ざるにとり、水気をよくきる。

はくさい

✕ 避けたいもの

◉しんなりして、芯のあたりが茶色くなっているもの。

カット売りは芯で鮮度をみる

日がたつにつれて、切り口の芯の部分から盛り上がってくる。また、中心に緑の葉が見えるものは、あまり新しくない。

・巻きがかたい
・ずっしりと重量感がある
・外側の葉が色濃く、厚い

洗い方（株ごと使うとき）

カットした株ごと使うときは、芯をつけたまま、葉と葉の間を開くようにして洗う。

洗い方（葉を1枚ずつ使うとき）

1枚ずつ洗う。

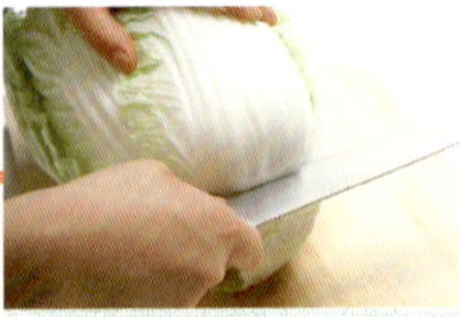

1枚ずつ使うときは、葉のつけ根に切り目を入れて、はがす。

株に分けるとき

両手で裂くようにして4～6つ割りにする。

芯を上にして、十文字に深く切りこみを入れる。

葉と軸に分ける

葉と白い軸の部分では、かたさが異なり、加熱時間に差が出る。まず、葉と軸に分けてから、料理に合わせて切る。

電子レンジでも

洗った葉の水気をきらずに、葉先と根元を交互に重ねてラップで包み、電子レンジで加熱する（はくさい200gで約3分30秒・500W）。

葉をゆでる

たっぷりの湯を沸騰させ、軸のほうから入れてゆでる。ざるに広げてさます。

冷蔵・野菜室

切ったものは、ラップで包むかポリ袋に入れ、できれば立てる。

冷凍

【1か月】使いやすい形に切ってかためにゆで、水気をしぼってラップで包み、保存袋に入れて冷凍→凍ったまま加熱調理。

ピーマン

【赤ピーマン・黄ピーマン】
緑色のものより肉厚で甘味がある。

・濃い緑色
・切り口が新しい
・つやがある
・肉が厚く、はりがある

【パプリカ】
ピーマンの仲間だが、左上のものよりさらに肉厚。サイズも大きく、甘味がある。

芯と種をとる

縦2つに切り、へたにV字に切り目を入れる。

芯と種を一緒にとり除く。

輪切りは芯をとってから

へたを切り落とし、中に包丁の刃先を入れて芯を切り離し、とり出す。

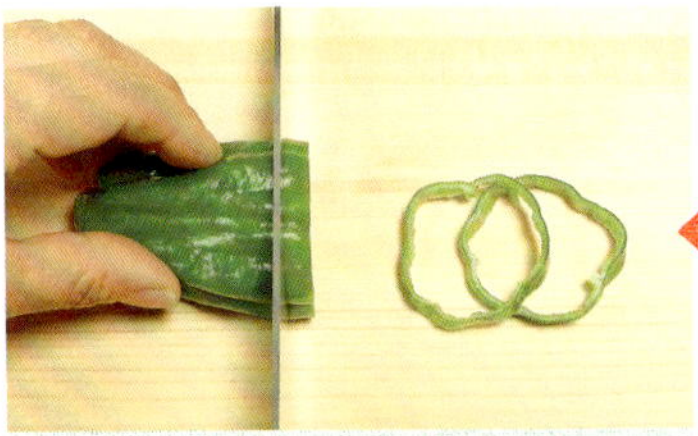

つぶさないように軽く押さえて、輪切りにする。

せん切り

縦2つに切って、芯と種を除く。裏返しにして(内側が上)、縦に端から切ると切りやすい。用途によっては横に向けて切ると、短いせん切りになる。

冷蔵・野菜室

ポリ袋に入れる。

冷凍

【1か月】
使いやすい形に切り、さっとゆでる。小分けしてラップで包み、保存袋に入れて冷凍→凍ったまま加熱調理。

ふき

冷蔵・野菜室

葉を落とし、適当な長さに切ってポリ袋に入れる。ゆでたふきは、水につけて冷蔵庫へ。水をかえて2日以内に食べる。

冷凍

向かない。

× 避けたいもの

◉ 軸が細い。
◉ 褐色の斑点がある。

下ゆでする

アクが強いので、下ゆでしてから調理する。たっぷりの湯を沸騰させ、塩がついたままのふきを太いものから入れる。1～2分したら、1本とり出して指で押し、ゆで具合をみる。

板ずり

水で洗い、葉をつけ根から切り落とす。鍋の直径に合わせて、入るように長さを切りそろえる。色よく仕上げるため板ずりをする。まな板の上で塩をふり（ふき200gに対して小さじ1程度の割合）、手のひらで押さえるようにころがして、まぶしつける。

皮をむく

根元側（太いほう）の皮を、ぐるりとひとまわり少しずつむいて、むき始めを集めて持ち、あとは一気に下まで引く。

アクを抜く

ゆであがったら、水にとり、水をかえながらすばやくさます。こうすると、きれいな緑色になり、アクも抜ける。

ブロッコリー

冷蔵

ラップで包むか、ポリ袋に入れる。野菜室よりチルド室がよい。

冷凍

【1か月】
小房に分けて、かためにゆでる（約40秒）。小分けしてラップで包み、保存袋に入れて冷凍→凍ったまま加熱調理。

・切り口がみずみずしい

・濃い緑色
・こんもりしている
・しまっている

つぼみの上部が少し紫がかっているのは、低温が原因。味に影響はない。

✕ 避けたいもの

◉切り口にひび割れやスが入っている。

◉色がまだらだったり、黄色い花が咲きかけている。

小房に分ける

全体を流水で洗って、房と茎に切り分ける。

茎側から包丁を入れて、小房に切り分ける。つぼみのほうから包丁を入れると、つぼみがバラバラになってしまう。

茎も使う

太い茎の部分は、まず、外側のかたい部分を切り落としてから、薄切りにする。

下ゆでする

たっぷりの湯を沸騰させ、茎の部分から先に入れる。続いて小房を入れる。

約2分ゆで、竹串を刺してかたさをみる。少しかたいかなと思うくらいで火を止める。余熱で多少火が通るので、ゆですぎないようにする。

アクが少ないので水にとらず、ざるにとり、重ならないように広げてさます。

三つ葉

【根三つ葉】

根がついたまま収穫、出荷される。茎が白くて太く、食感がしっかりしていて、炒めものや煮ものに向く。

・全体にはりがある
・香りが高い

【糸三つ葉】

ハウスで水耕栽培されており、スポンジ状の床ごと根つきで出荷される。一般的に三つ葉というと、糸三つ葉をさす。

【切り三つ葉】

茎が白くてやや太く、根元で切られ、茎から上の部分を束ねて出荷される。

✕ 避けたいもの

◉切り三つ葉の切り口が茶色い。
◉葉がしんなりしている。

冷蔵・野菜室

パックのままかポリ袋に入れて。スポンジが乾いていたら、水を含ませてから保存。

冷凍

【3週間】

3～4㎝長さに切り、生のままか、さっとゆでて水気をしぼる。小分けしてラップで包み、保存袋に入れて冷凍↓凍ったまま加熱調理（食感は少し悪くなる）。

結び三つ葉

吸いものに入れるときなどは、結び三つ葉にすると上品になる。

茎の部分に菜箸をころがして、やわらかくする。

茎を2つ折りにして軽く結ぶ。

かまぼこと三つ葉の吸いもの

材料

（2人分／
1人分 14kcal、塩分 1.0g）

三つ葉……2本
かまぼこ……2枚
だし（p.167）……300㎖
塩……小さじ1/6
しょうゆ……小さじ1/2

1 三つ葉は、結び三つ葉にする。椀に、かまぼこと三つ葉を入れる。

2 鍋にだしを温め、塩、しょうゆで調味する。椀にそそぐ。

もやし

❌ 避けたいもの
◉茶色く変色している。
◉いやなにおいがする。

【大豆もやし】
豆もやしとも呼ばれ、大豆を発芽させたもので、豆の部分が大きくてかたい。小粒タイプが出回っている。

・白くて太い
・ひげ根も白い

一般的なもやしは、緑豆やブラックマッペを発芽させたもの。

ひげ根をとる

先端に細い根（ひげ根）がついている。口にあたり、見栄えもよくないので、できればひとつひとつ、指でつまんでとり除く。

洗う

水をはったボールの中で2～3度水をかえて洗い、浮いてきた種皮などをとり除く。ざるにとって水気をきる。

大豆もやしのナムル

材料（2人分／1人分 57kcal、塩分 0.9g）

大豆もやし ………………… 200g
ねぎ ………………… 5cm
A
砂糖 ………… 小さじ1/2
しょうゆ …… 小さじ2
酢 ………………… 小さじ1
ごま油 ………… 小さじ1
一味とうがらし … 少々

1 もやしは、ひげ根があればとる。ねぎはみじん切りにする。
2 ボールにAを順に合わせ、ねぎを混ぜる。
3 鍋にもやしとひたひたの水を入れ、ふたをして火にかける。沸騰したら火を弱め、約4分ゆでる。ざるにとり、熱いうちに2に入れてあえる。

※ふつうのもやしなら、たっぷりの湯で約1分ゆでる。

冷蔵・野菜室
袋の中の空気をできるだけ抜き、口を閉じる。いたみやすいので翌日には使いきる。

冷凍
【1～2週間】
洗って水気をよくとる。小分けしてラップで包み、保存袋に入れて冷凍→凍ったまま加熱調理。

モロヘイヤ

冷蔵・野菜室

ポリ袋に入れる。いたみやすいので早く使う。

冷凍

【2週間】

いたみやすいので、冷凍がおすすめ。

❶葉をつみとり、4～5㎝長さに切って生のまま保存袋に入れて冷凍→凍ったまま加熱調理。

❷ゆでてみじん切りにし、ラップで包んで保存袋に入れて冷凍→凍ったまま加熱調理。

意外とくせがなく、生のまま炒めたり揚げたり、ゆでておひたしやあえものにと、広く使える。ゆでたものをきざむとねばりが出る。

・濃い緑色
・全体にはりがある

✕ 避けたいもの

◉枝の切り口が変色している。
◉黒っぽく変色している葉がある。

葉をつみとる

茎はかたいので、葉をつみとって使う。加熱して食べるため、葉についてくる細い茎程度はかまわない。

下ゆでする

アクが強いので、下ゆでしてから使う。

たっぷりの湯を沸騰させ、葉を入れる。浮きやすいので、菜箸で押さえるようにゆでる。全体が湯につかったら、もうやわらかくなっている。水にとり、水気をしぼる。

切ってねばりを出す

ゆでたあと、まずはざくざくと切る。ねばりが出る。

さらに細かく切って、よりねばりを出す。包丁の刃先を軽く押さえ、刃元を上下に動かしながら切る。

モロヘイヤスープ

材料

（2人分／
1人分 81kcal、塩分 1.4g）

モロヘイヤ ……… 50g
たまねぎ ……… 30g
とりもも肉 ……… 50g
バター ……… 5g
水 ……… 300㎖
スープの素 … 小さじ1
塩・こしょう … 各少々

1 モロヘイヤは葉をつむ。たっぷりの湯で、さっとゆでて、水にとり、水気をしぼる。包丁で細かくきざむ。ボールに入れる。

2 たまねぎは薄切り、とり肉は1.5㎝角に切る。

3 鍋にバターを溶かし、たまねぎを中火で2～3分炒め、とり肉を加えて色が変わるまで炒める。

4 分量の水とスープの素を加え、煮立ったらアクをとって、中火で約5分煮る。

5 1のモロヘイヤに鍋のスープを少し入れ、スプーンでほぐしながら混ぜる。ある程度混ざったら、鍋に加え、ひと煮立ちしたら、塩、こしょうで味をととのえる。

やまのいも

冷蔵・野菜室

丸ごとは、新聞紙に包んで涼しい場所に。使いかけは、切り口をラップで包み、野菜室に。

冷凍

【1か月】

❶すりおろすかせん切りにし、小分けしてラップで包み、保存袋に入れて冷凍→冷蔵庫で解凍。

❷皮をむき、丸ごとラップで包み、保存袋に入れて冷凍→凍ったまますりおろす。

・重量感があり、皮の表面がいたんでいないもの
・切ってあるものは、切り口が変色していないもの
（すべて共通）

【つくねいも】

関西で多く出回る。ねばりが強く、すりおろしてとろろ汁などに向く。

【長いも】

水分が多く、ねばりが弱めでシャキシャキした歯ごたえ。細く切ってあえものに。煮るとホクホクする。

【やまといも】

別名いちょういも。ねばりが強く、とろろ汁などに向く。棒状のものもある。

すりおろす

全部皮をむいてしまうと、すべってうまくおろせない。皮を残してむき、その部分を持っておろす。

皮をむく

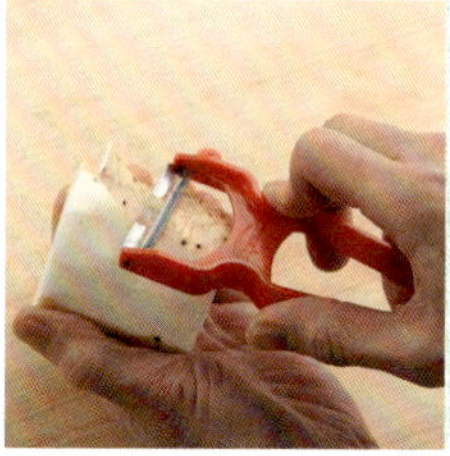

すべりやすいので、皮むき器を使ったほうがらくにむける。

アクを抜く

やまといもやつくねいもは、アクが強いので、空気にふれると酸化して色が変わる。切ってそのまま食べたり、すりおろしたりする場合は、皮をむいて酢水（水200㎖に酢小さじ1の割合）に2〜3分つけ、アクをとる。すべるので、水気をよくふいてから切る。

皮をむくときに手がかゆくなる人は、酢水で手を洗うと、多少かゆみを防げる。

長いものわさび酢あえ

材料

（2人分／
1人分 53kcal、塩分 0.5g）

長いも ………………… 150g

A
- 酢 ………… 大さじ 1/2
- 練りわさび ………… 小さじ 1
- 塩 ………… 小さじ 1/8
- 砂糖 ………………… 少々

1 長いもは皮をむき、ポリ袋に入れる。袋の上からめん棒などでたたいて、粗くくだく（かたまりが残っていてもよい）。

2 1にAを加え、よくもみこむ。

れんこん

・太くて傷がない
・自然な肌色でつやがある
・肉が厚く穴が小さい

✕ 避けたいもの

◉切り口が茶色くなっている。
◉穴がアクで青黒くなっている。

皮をむく

節の部分を少し切り落とす。切り口が黒ずんでいれば、その部分も切り落とす。

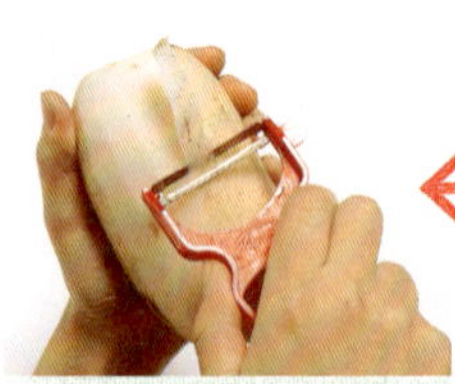

れんこんの皮を薄くむくには、皮むき器を使うとらく。

穴の黒ずみは箸で

穴が黒ずんでいる場合は、箸でこするように洗う。黒ずみは空気にふれたためで、泥汚れではない。

花れんこん

れんこんの穴の丸みをいかして花のように見せる切り方。
飾り用や焼き魚の前盛りの酢れんこんなどに。

皮をつけたまま輪切りにし、包丁の先端を使って穴の間をV字に切り落とす。

V字の切りこみに向けて、皮の真ん中から、カーブをつけながら穴の形にそうように皮をむく。

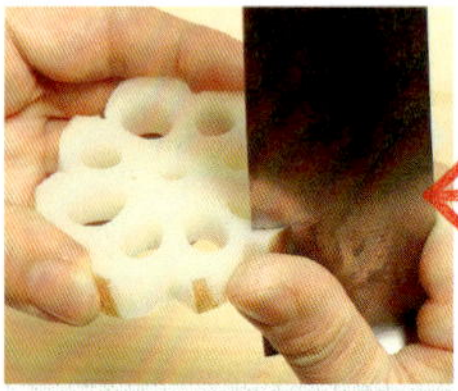

片側を一周したら裏返し、同じように残った皮をカーブをつけながらむく。

下ゆでの場合

沸騰した湯に酢少々を加えてゆでると、白くゆであがる。

アクを抜く

切り口が空気にふれるとすぐに黒くなるので、切ったらすぐ水につける。

冷蔵・野菜室

丸ごとは、新聞紙で包むかポリ袋に入れる。使いかけは、切り口をラップで包んでポリ袋で。

冷凍

【2～3週間】

使いやすい形に切り、酢少々を入れた湯でかためにゆでて保存袋に入れて冷凍→凍ったまま加熱調理。

香味野菜

【しその葉】

冷蔵・野菜室

しめらせたペーパータオルで軸を包み、びんなどに入れて。葉に水がつくと黒くなるので注意する。

✕ 避けたいもの
◉傷がある。
◉しなびている。

しそには大きく分けて青じそと赤じそがある。青じそは香りがよく、赤じそは梅干しなどの着色用に使われる。青じその葉は、大葉とも呼ばれる。

せん切り

洗って、軸を切りとる。何枚か重ねて切ると効率的。

葉を重ねたままクルクルと丸めて、端から細く切る。

アク抜き

切ったあと、さっと水にさらして軽くアクをとることが多い。

香りが抜けるので水に長くはつけず、ざるにとる。

アク抜きは、にが味を抜くためと、変色を防ぐため。

【みょうが】

冷蔵・野菜室

密閉容器かラップで包む。ぬれるといたみやすい。

冷凍

【2～3週間】

薄く切り、小分けしてラップで包み、保存袋に入れて冷凍→薬味には半解凍で。汁ものには凍ったまま使う。

皮をむいて洗う

汚れているものは1枚むいて、土や砂を洗い落とす。

みょうがの甘酢漬け

日もちするので、作っておくと、焼き魚や肉料理のつけあわせに重宝する。

1. 保存容器に酢 50㎖、砂糖大さじ1、塩少々を合わせる。
2. みょうが3個は縦半分に切る。1分ほどゆでてざるにとり水気をきる。
3. 熱いうちに、1の甘酢に漬ける。

【しょうが】

冷蔵・野菜室

葉しょうがはしめり気をもたせ、根しょうがは表面を乾かしてから、ラップで包む。

冷凍

【1か月】

皮をこそげ、使いやすい形に切るか、すりおろす。小分けしてラップで包み、保存袋に入れて冷凍→凍ったまま加熱調理。薬味には半解凍で。

【新しょうが】

【葉しょうが】

【根しょうが】

・みずみずしくふっくらしている

葉しょうがと根しょうががある。根しょうがは、6～10月ごろ出回る新しょうがと、貯蔵して黄褐色になったヒネしょうががある。

× 避けたいもの

◉皮にしわや傷がある。
◉乾いた感じのもの（筋が多い）。

【根しょうが】

必要分を切りとる

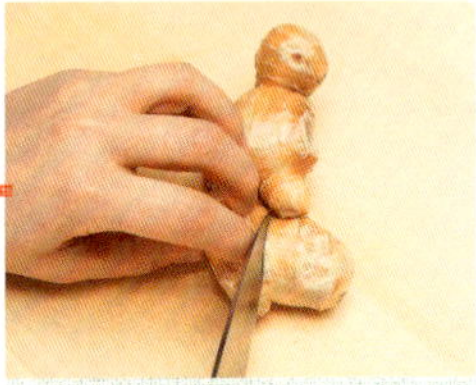

使う分だけを切りとる。

皮をこそげる

皮はスプーンの柄でこそげとると、薄くむける。古いものはこそげにくいので、包丁で薄くむく。

根しょうがは、皮の部分に香りが強いため、皮を気にしないときは、皮つきで使う。肉や魚を煮るときや炒めもの、スープの香りづけなどには、皮つきでも。

せん切り

繊維にそって薄く切る。

少しずつずらして置く。

端から細く切る。

みじん切り

せん切りにしたしょうがの向きをかえて、細かく切る。

しょうが「1かけ」は?

「1かけ」は、約10gがめやす。親指の先大、約2cm大。みじん切りにすると約大さじ1、汁をしぼると約小さじ1になる。

葉しょうがの扱い方

株状になったものは、切り離して使う。新鮮な葉しょうがは、形を整え、そのままみそをつけて食べてもおいしい。

皮をむく

汚い皮はむく。

先端を少しけずってとがらせた「筆しょうが」（左）、先端を少し切り落とした「杵《きね》しょうが」（右）。

繊維の方向

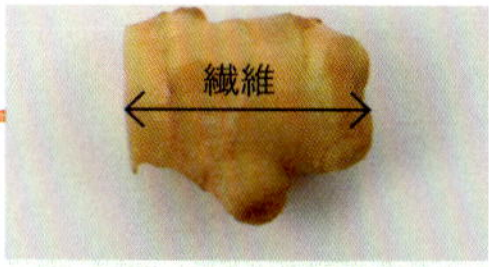

皮にある筋目に対して直角の向きが、しょうがの繊維の方向。皮をこそげる前に見ておくとよい。

針しょうが

ごく細いしょうがのせん切りのことを針にたとえて「針しょうが」と呼ぶ。せん切りにしたら水に軽くさらす。

すりおろす

しぼり汁だけを使うときは皮ごと、
おろしたものを使う場合は皮をこそげてから、すりおろす。

ぬれぶきんなどにおろし金の先をあてすべらないようにし、力を入れて手早くすりおろす。

汁だけ使うときは、しょうがをおろし金の受け皿のすみに寄せ、指で押さえて汁をしぼる。

【パセリ】

冷蔵・野菜室

ポリ袋に入れる。

・縮み方が細かい
・緑色が濃い

【イタリアンパセリ】
一般的なパセリよりも香りがおだやか。生で料理に添えることが多い。

冷凍

【3週間】
ペーパータオルで水気をよくとる。形のまま保存袋に入れて冷凍→凍ったまま葉を手でもむとみじん切りのようになる。

みじん切り

洗って、葉の部分だけをつみとり、ペーパータオルでしっかり水気をふく。

水気をよくふきとったまな板の上で、細かくきざむ。

【にんにく】

室温または野菜室

網袋に入れて乾燥したところにつるすか、野菜室に。

冷凍

【1か月】

使いやすい形に切るか、すりおろす。小分けしてラップで包み、保存袋に入れて冷凍→凍ったまま加熱調理。

・粒が大きくころっと丸い
・かたくしまっている
・緑の芽が出ていない

にんにく小1片はどのくらい?

にんにく1片は約10g、小1片は小さめの1片で約5g(左)。小1片は1片を半分に切って(右)使ってもよい。

1片ずつとり出して使う

外皮を少しむく。

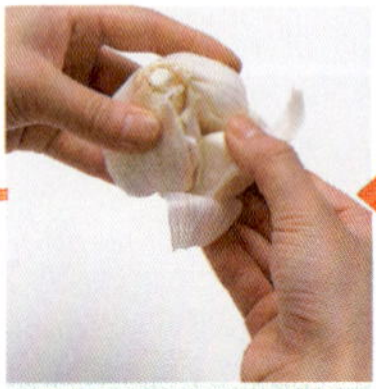

使う分の1片だけをとる。

根元を切り落として、薄皮をむく。

皮をむいてしまうと乾燥しやすいので、使う分だけむく。

薄切り(形をいかす)

根元を切り落とし、端から薄く切っていく。

薄切りの形をいかしたいときの切り方。輪切りのように端から切る。

中の芽の部分は切ると自然にとれるが、残っているときは竹串で突いてはずす。炒めるときなどにこげやすいため。

みじん切り

縦に薄切りにする。

重ねて並べ、端からせん切りにする。

横にして、細かく切る。

にんにくしぼりを使うと、みじん切りがかんたんにできる。

にんにくを切った包丁やまな板は、においが移るのですぐに洗う。また、切る前には1度まな板をぬらすことも忘れずに。まな板の端のほうで切るとよい。

【わさび】

冷蔵

しめらせたペーパータオルで包んで密閉容器に入れ、冷蔵庫に。

冷凍

【1か月】

・すりおろして、小分けしてラップで包み、保存袋に入れる→半解凍で使う。
・丸ごとラップで包み、保存袋に入れて冷凍→凍ったまますりおろす。

・表面のイボがゴツゴツしている
・全体がしっとりしている

すりおろして料理に使う根のようなところは茎で、その下に白い細い根がはえている。
春から初夏にかけて出回るが、栽培が難しく値段は高い。

すりおろす

葉に近い部分も使うので、葉は切り落とすのではなく、鉛筆をけずるように落とす。切り口のほうから、必要な分だけ、皮をけずってむく。

目の細かいおろし金で輪を描きながらゆっくりおろすと、辛味が増す。おろしたてを使う。

【木の芽】

冷蔵・野菜室

密閉容器に入れるかラップに包む。

冷凍

【1か月】

洗って水気をふき、ラップでぴったり包み、保存袋に入れて冷凍→凍ったまま使う。

・やわらかく、いきいきしている
・濃い緑色

香りを出すには

洗って水気をふきとったあと、手のひらにのせ、くぼませる。もう一方の手のひらもくぼませ、「ポン」と合わせ、風圧をかける。

直接手のひらでたたくと、木の芽がつぶれるので、風で刺激して香りを出す。

【ハーブ】

【香菜《シャンツァイ》】

中国料理やエスニック料理の風味づけに使われ、独特の強い香りが特徴。別名パクチー、コリアンダー。

【バジル】

イタリア料理やトマトを使った料理によく使う。乾燥でしおれやすいので、使うまで冷蔵庫に入れておく。必要な分だけ葉をとり、さっと洗ってペーパータオルなどで水気をとる。葉はぬれたままにすると、黒ずんでしまう。

【ローズマリー】

強い香りで、肉や魚から野菜料理全般によく合う。枝ごと、または葉をしごいて主に加熱料理に使う。販売しているパックのまま冷蔵。冷凍する場合は、さっと洗って水気をよくふき、ラップで包んで保存袋に入れる。凍ったまま加熱調理。

季節の小さな野菜

春

【たらの芽】

たらの木の新芽で、栽培もされている。つけ根にある茶色い部分を除く。アクは少ないので下ゆでは不要。天ぷら、ごまあえなどに。

【ふきのとう】

ふきのつぼみ。土から出て花が咲いたあとに茎がのびる（ふき→p.74）。ふきみそや、炒め煮に。アクが強いので、天ぷら以外は下ゆでしてから水にさらしてアク抜きをする。

初夏

【じゅんさい】

じゅんさいは、水面に葉を浮かべる水草の一種。食用にするのは、茎から出てくる新芽で、ゼリー状のぬめりでおおわれている。一般的に出回っているのは、水煮にしたもので、水気をきってそのまま、あえものにしたり汁ものに浮かせたりする。

秋

【食用菊】

食用に栽培され、花びらはシャキシャキした歯ごたえとほろにがい香りがある。生のままや下ゆでして、あえものや彩りに使う。「もってのほか」など赤紫色のものもある。

花びらをゆでる

菊の花びらをつむ。

鍋に湯を沸かし、酢を加える（水200㎖に対し酢小さじ1の割合）。花びらを入れ、浮き上がらないように箸で押さえながら、さっとゆでて、すぐに水にとって水気をしぼる。

ゆでた菊を冷凍しておくと、吸いものやおひたしにすぐに使える。小分けしてラップで包み、保存袋へ。冷蔵庫で解凍する。

【むかご】

やまのいも（p.79）の葉のつけ根にできる、直径1㎝ほどの大きさの芽。皮ごとゆでてそのまま食べたり、ごはんに炊きこんでむかごごはんにする。小さいながらねばりがある。

秋

【とんぶり】

ほうき草の実で、「畑のキャビア」と呼ばれ、プチプチとした食感が特徴。生のままあえものに加えたり、サラダやパスタのトッピングに使ったりできる。

洗う場合

真空パックのものは、そのまま使える。ほこりが気になるものは、さっと洗う。水に入れると浮いて流れてしまうので、茶こしのような目の細かいざるに入れて水の中で軽くふり洗いする。

【ぎんなん】

いちょうの木の実。殻を割り、さらに薄皮をむいて使う。

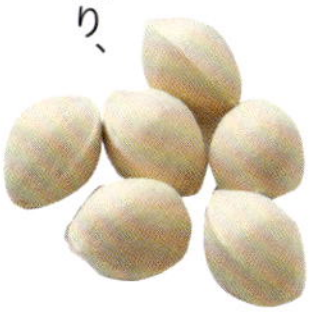

殻を割る

殻の筋目をかなづちや肉たたきなどでたたき、割れ目を入れて、殻をむく。

皮をとりながらゆでる

鍋にぎんなんの実と、かぶるくらいの水を入れ、火にかける。

おたまでぎんなんをころがすと薄皮がむけやすい。3～4分ゆでて水にとり、残った皮を手でむく。

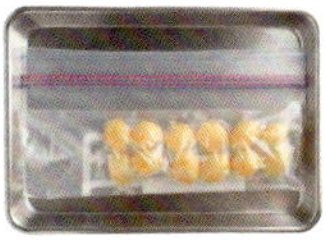

ゆでたぎんなんは、冷凍しておくとすぐに使える。ラップに包んで保存袋へ。冷蔵庫で解凍する。

冬

【ゆり根】

食用に栽培される、ゆりの球根。加熱するとホクホクした食感となり、ほのかな甘味とにが味がある。おせちに使われることが多い。あえものや吸いもの、茶碗蒸しの具、きんとんなどに使う。鱗片を1枚ずつはがした「かきゆり根」も販売される。

鱗片《りんぺん》をはがす

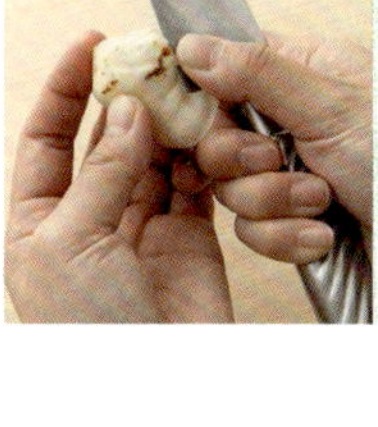

根元に包丁で切りこみを入れ、1枚ずつていねいにはがす。茶色い部分はけずりとる。さっとゆでて、冷凍可能。

【くわい】

さといもに似た球形で、勢いよく芽が出ることから縁起物としておせちに使われる。アクが強いので、皮をむいて水にさらし、米のとぎ汁を入れた湯で5～6分下ゆでする。皮は、底の部分から芽に向かって、さといもの皮と同じようにむき（p.44）、芽は残す。

料理によく使う 果実

【アボカド】

・皮がチョコレート色のものが食べごろ。緑色でかたい場合は、常温で追熟させる

冷蔵・野菜室
熟したものは、ポリ袋に入れて。切ったアボカドは、空気にふれると黒ずむので、種をつけたまま、切り口にレモン汁をかけ、ラップで包む。

冷凍
【3～4週間】
種と皮を除き、切り口にレモン汁をかける。ラップで包み、保存袋に入れる→冷蔵庫で半解凍し、つぶして調理する。

皮をむく

皮は手や包丁でむき、食べやすく切る。ペースト状にするなら、スプーンで果肉をくり抜いてもよい。

切った実はそのまま置いておくと変色しやすい。レモン汁をかけて変色を防ぐ。

種を除く

真ん中の丸い大きな種にそって、縦にぐるりとひとまわり切り目を入れる。

ねじるようにして2つに割る。

片方は種がついたまま、片方は種がはずれた状態になる。

包丁の刃元を種に刺し、ねじるようにして種を除く。

くだものの飾り切り

1 うさぎりんご

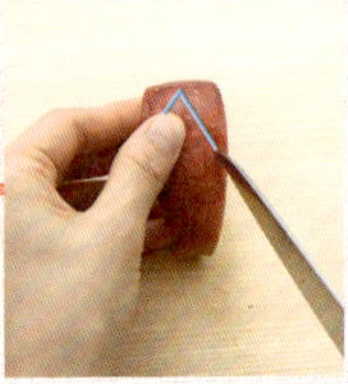

りんごをくし形（p.20）に切り、芯をとる。皮にV字の切り目を浅く入れる。

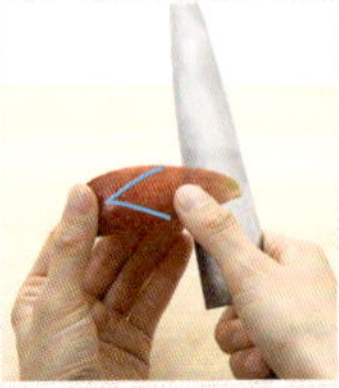

切り目まで皮をむく。切ったりんごは変色を防ぐために、うすい塩水にさっとつける。

【栗】

冷蔵

洗って水気をとり、新聞紙で包む。野菜室より温度が低いチルド室のほうがもつ。

冷凍

【1か月】

❶生のまま保存袋に入れて冷凍（そのままでも鬼皮をむいてもよい）→鬼皮つきのものは熱湯に30分ほどつけて、やわらかくなったらむく。凍ったまま加熱調理。
❷ゆでてから鬼皮と渋皮をむき、ラップで包み保存袋に入れて冷凍→冷蔵庫で解凍。

茶色くかたい皮は鬼皮と呼び、その内側にある薄い皮を渋皮という。渋皮をつけたまま甘く煮る「渋皮煮」という和菓子があるが、ふつうは、渋皮もむいて食べる。

・つやがあって、重い

鬼皮と渋皮をむく

熱湯に 20 分ほどつけておくと、鬼皮がやわらかくなってむきやすくなる。

底を切り落としてから、先端に向かってむいていく。渋皮も同じようにしてむく（鬼皮と一緒にむいてもよい）。むいた栗は、たっぷりの水に 10 分ほどつけてアクを抜く。

ゆで栗

栗は洗い、鍋にたっぷりの水とともに入れる。ふたをして強火にかけ、煮立ったら弱火にして、約 30 分ゆでる。

湯がさめるまで、栗はそのまま湯につけておく。

こうすることでアクが抜け、おいしく仕上がる。

2 スマイルカット

横半分に切る。

3～4つのくし形に切る。

笑顔の口元のように見えるので「スマイルカット」という。皮を両手で広げると食べやすい。

【かんきつ類】

冷蔵・野菜室
ラップで包むか密閉容器で。使いかけは切り口をラップでしっかり包む。

冷凍
【1カ月】
❶皮はそぎとり、ラップで包み保存袋に入れて冷凍→凍ったまま使う。
❷汁をしぼって保存容器に入れる→常温で解凍。
❸汁をしぼった残りは、そのまま冷凍してもよい。ラップで包み保存袋に入れて冷凍→凍ったまますりおろす。

【レモン】

【ゆず】

【すだち】

【かぼす】

・皮をそぐので皮の厚いもの
・はりがある
・色がきれい
（すべて共通）

レモンは輪切りにして冷凍しておくと、紅茶などにそのまま使える。小分けしてラップに包み保存袋に入れて冷凍する。

レモン汁

切る前に少し力を入れてレモンをころがすとよい。やわらかくなってしぼりやすくなる。

皮をすりおろす

洗ったかんきつの水気をとり、おろし金で表面の皮だけをすりおろす。おろし金についた皮は、竹串やようじの先で落とす。

皮の下の白いわたまでおろすと、にがくなる。

へぎゆず

ゆずの表皮を薄くそぐ（へぐ）ようにして切りとる。そのまま、吸い口や天盛りに使う。

木酢《きず》をとる

かんきつ類のしぼり汁を「木酢」という。まず、横半分に切って種を除く。

汁をしぼる。すだち、かぼすは、切って料理に添え、食べるときにしぼることが多い。

魚介

食材の扱い方

魚を三枚におろす

「三枚おろし」はもっとも基本的な魚のおろし方です。中骨から左右の身をはずし、身2枚と中骨1枚で合計3枚にすることで、そのやり方には「大名おろし」と「両面おろし」の2通りがあります。

「大名おろし」と「両面おろし」

魚によって「大名おろし」か「両面おろし」の方法で、三枚におろす。

- **大名おろし**
  あじやさんまのように小ぶりで身幅が狭い魚は、大名おろしで三枚におろせる。大名おろしは、頭側から身と中骨の間に包丁を入れて一気に切り離す方法。中骨部分に身が残ってぜいたくなことから「大名」の名がある。
- **両面おろし**
  たいやさばなど、身幅が広くて大きな魚を三枚におろす方法。腹と背から（両側から）切りこみを入れて切り離しやすくしておいてから、最後に尾側から身を切り離す。

下処理いろいろ

丸ごと料理するときは基本的に「えら」をとり除く（→ p.96）。また、姿のまま盛りつける場合は、見えない側に切り目を小さく入れて、内臓をとり出す（→ p.97）。そのほか、魚によって特有の下処理もある。

三枚おろしの前の下処理（大名おろし・両面おろし共通）

1 うろこをとる

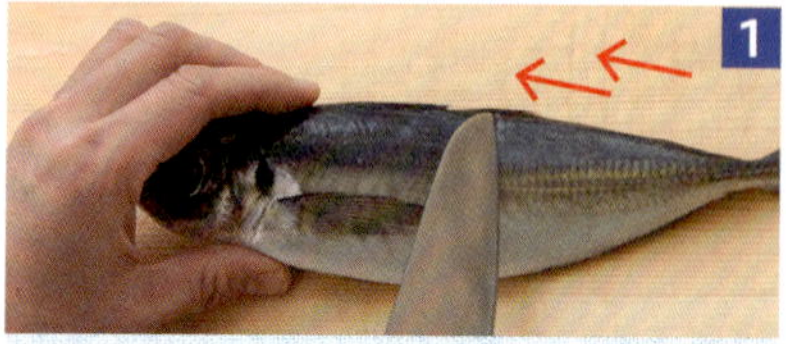

まず洗う。うろこがあると口に当たり、味がつきにくいので、とり除く。うろことりか包丁の刃先で、尾から頭に向けてうろこをこそげとる（うろこが多い場合は、魚を大きなポリ袋に入れ、その中で作業すると飛び散らない）。

2 頭を落とす

頭を落とすときは、胸びれの下に包丁を入れて落とす。たいなど厚みがある魚なら、両面から包丁を入れて切り落とす。

3 内臓（はらわた）をとる

頭の切り口から尻びれまで、腹に切り目を入れて、内臓をかき出す。

4 血を洗う

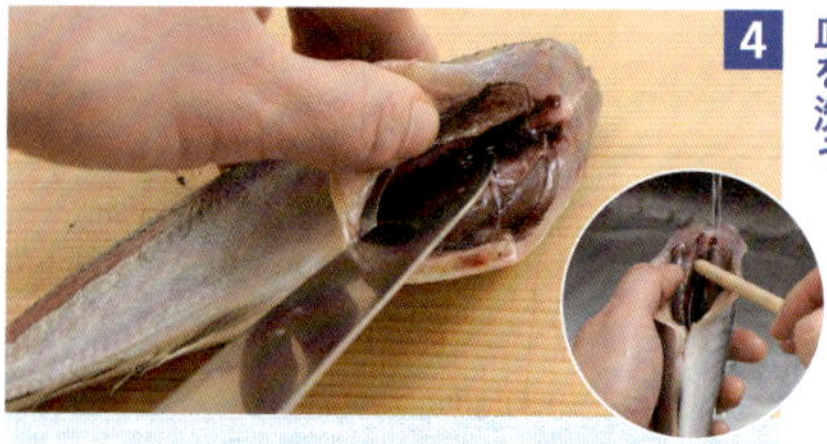

刃先で腹の奥の中骨近くの膜を切り、血のかたまりを出しやすくする。血が残っているとくさみが出るので、流水で、菜箸や指で腹の中を洗う。水気をよくふきとる。

身２枚と、中骨の部分１枚で、「三枚おろし」の状態。

腹骨などをとる場合

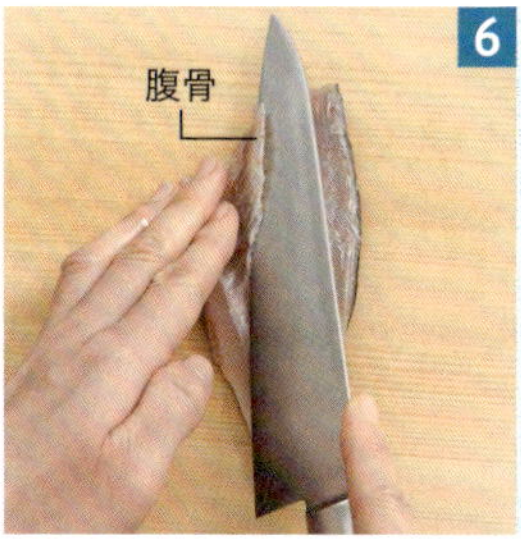

腹骨をとる……両方の身の腹骨をそぎとる。このとき各身は、腹骨が左になるように置いてとる。

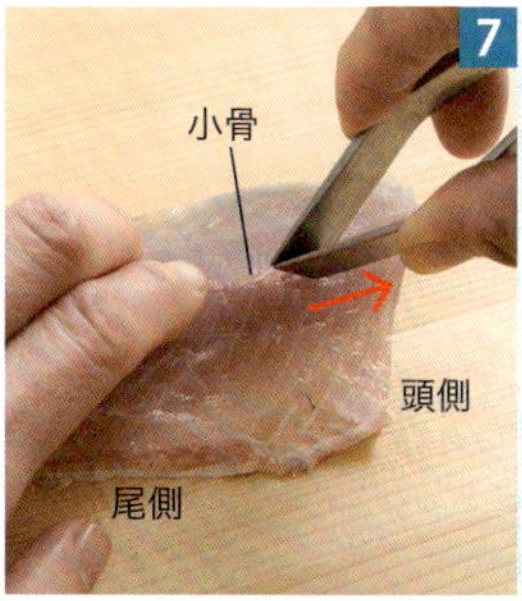

小骨をとる……身の中央に（中骨のあと）、小骨が残っている。指先で探りながら、骨抜きで頭のほうに引いて抜く。

皮をむく場合

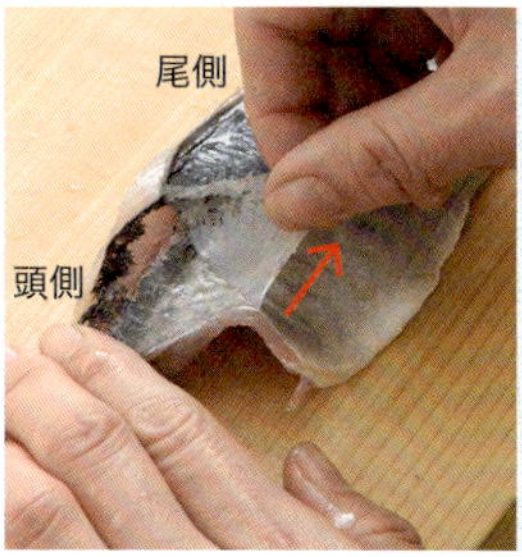

あじやいわしは、皮が薄くてやわらかいので手でむける。頭側の皮をつまみ、尾に向けて引っ張ってはがす。

三枚おろし「大名おろし」

上側の身を切り離す

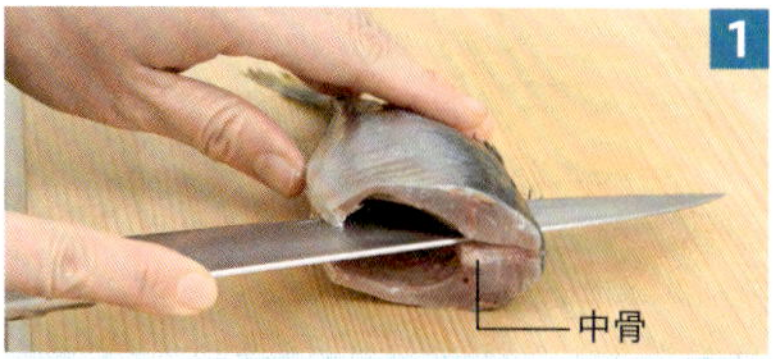

腹を手前に置き、頭側の中骨のすぐ上に水平に刃を入れる。

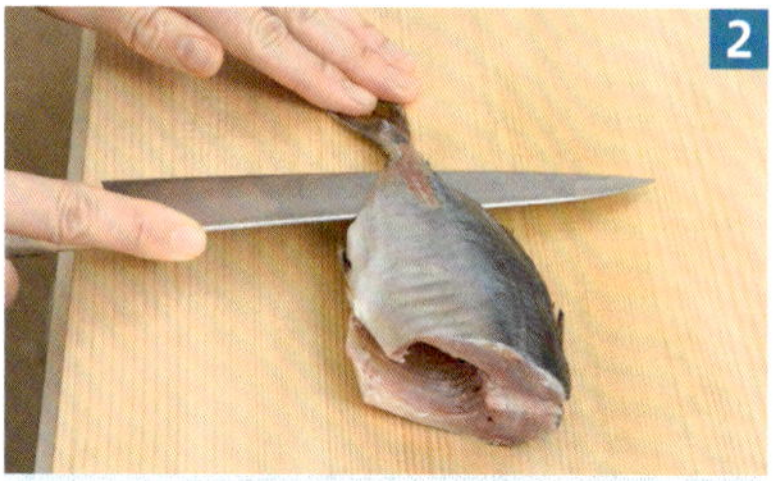

中骨のすぐ上を、尾に向けて切り進める。

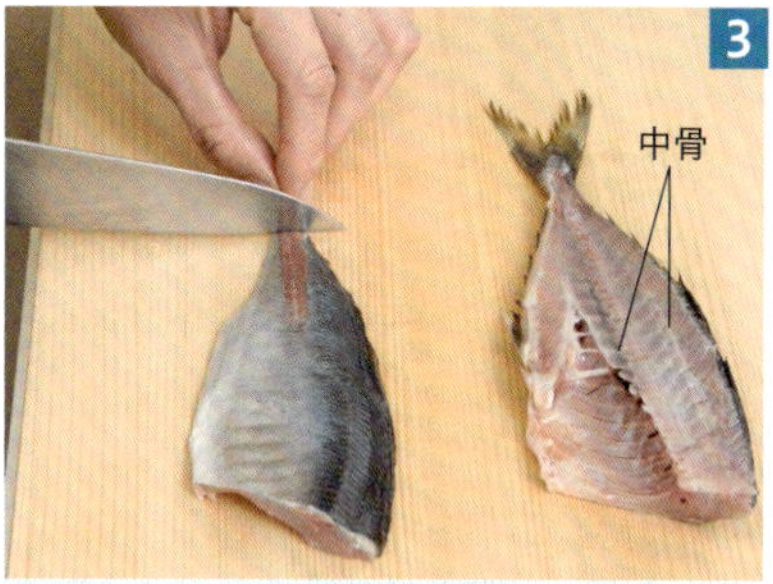

２枚になった状態を「二枚おろし」という。身の尾側を少し落として形を整える。

反対側の身を切り離す

中骨がついた身を、骨を下に、背を手前にして置く。中骨のすぐ上に刃を入れて、尾まで切って身を離す。

三枚おろし「両面おろし」

下処理する

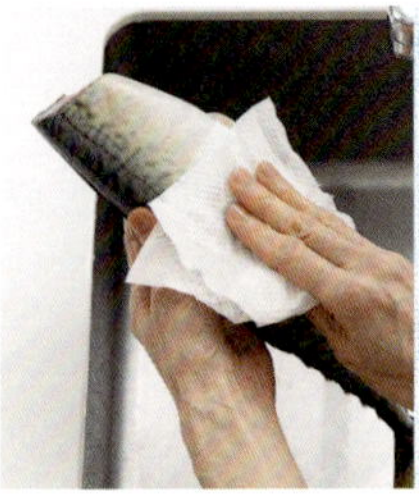

おろす前に、うろこ、頭、内臓を除き、洗ってふく（P.92下処理1～4）。うろこは、さばなど、魚によってはとれてしまい、ないものもある。

腹と背に切りこみを入れ、上側の身を切り離す

1

尾を左にし、腹の切り目から、尻びれのすぐ上の位置（＝中骨の上）に包丁の刃先を入れ、尾まで切りこみを入れる。

2

尾を右にし、背を手前にする。背びれのすぐ上の位置（＝中骨の上）に刃先を入れる。尾から頭のほうまで切りこみを入れる。

3

尾の近くの切りこみから、刃先を向こうに出るまで刺しこむ（＝刃は中骨の上に）。尾を持って押さえながら、包丁を頭のほうまで一気に切り下げ、中骨から身を切り離す。尾のつけ根部分も切り離す。

4

骨つきと、骨なしの身が2枚になる（「二枚おろし」の状態。さばは、よくこの状態で売られている）。

背と腹に切りこみを入れ、反対側の身を切り離す

5

中骨のついた身を、骨を下にして置き、頭のほうから、背びれのすぐ上の位置（＝中骨の上）に刃を入れる。そのまま尾まで切りこみを入れる。

6

尾を右にし、腹を手前にする。尻びれのすぐ上の位置（＝中骨の上）に刃先を入れる。そのまま腹付近まで切りこみを入れる。

7

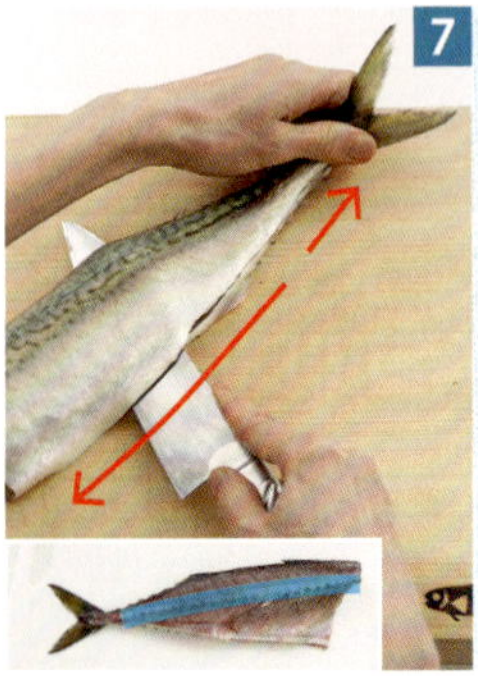

尾の近くから、刃先を向こうに出るまで刺しこむ。尾を持って押さえながら、包丁を頭のほうまで一気に切り下げ、中骨から身を切り離す。尾のつけ根部分を切り離す。

一尾魚はすぐ下処理を

魚は内臓からいたんでくるので、新鮮な魚が手に入ったら、すぐ下処理をする。

● **下処理**

うろこをとり、頭（またはえら）、内臓を除く。腹の中の血もきれいに洗い流し、水気をしっかりふく（p.92下処理 1〜4）。

● **冷蔵する場合**

調理まで時間があく場合は、塩少々をふって、ペーパータオルでくるみ、さらにラップで包んで冷蔵する。その日のうちに食べる。

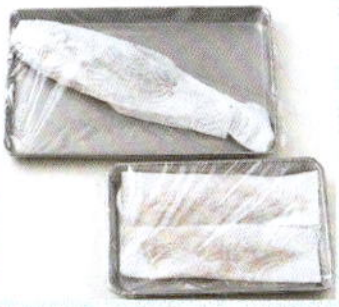

● **冷凍する場合**

魚介類の冷凍は、種類よって下味をつけたり、加熱したりしてから冷凍する（各ページ参照）。

! 「解凍」品の注意

店頭では、いったん冷凍した魚介類を解凍して売っている場合も多い。「解凍」表示のものは、味も落ちやすく、いたみも早いので、なるべく早く使いきる。

魚をおろすときの用意

● **おろす道具**

まな板／包丁（大きくて骨がかたい魚なら、出刃包丁）／骨抜き／菜箸／うろことり（あれば）

● **上記以外に用意するもの**

トレー／ペーパータオル／ごみ処理用に新聞紙などの紙とポリ袋／すぐ調理にとりかかるなら、塩の用意

● **魚をおろしたあとは**

まな板は水と洗剤でよく洗い（湯だと血が固まる）、最後に熱湯をかけて除菌する。

8

身2枚と、中骨の部分1枚で、「三枚おろし」の状態。

腹骨などをとる場合

両方の身の腹骨をそぎとる。各身は腹骨が左になるように置き、包丁をねかせてそぎとる。

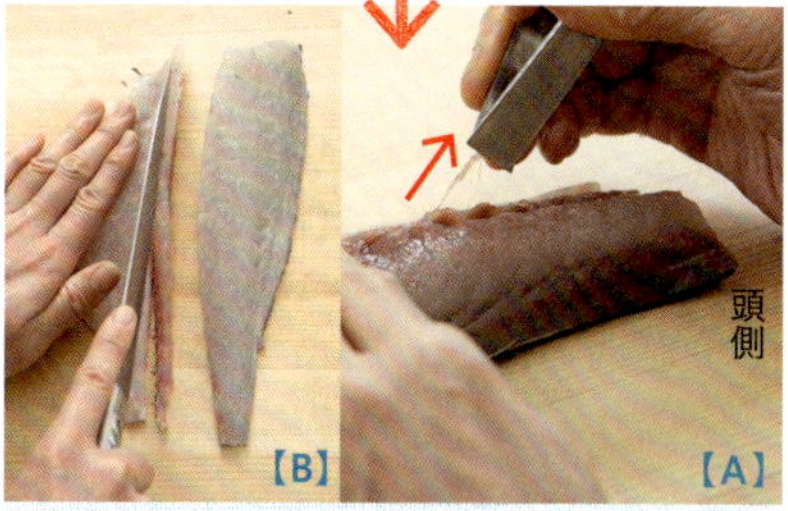

小骨をとる……身の中央に（中骨のあと）、小骨が残っている。**【A】**指先で探りながら、骨抜きで頭のほうに引いて抜く。**【B】**または、小骨のある中央部分を切りとる（大きな身は背側と腹側に分ける場合もある）。

皮をひく（除く）場合

たいなど、皮が厚くかたい魚は、尾側の皮と身の間に包丁を入れ、皮を引っ張りながら刃を進めて皮を除く。

あじ

旬
夏

種　類

一般的に鮮魚で出回るのは「まあじ」だが、関西地方では「丸あじ（青あじ）」が多い。似ているが、まあじより太く丸みをおびている。「しまあじ」は、主に刺身に使われる高級魚。

こんな料理に

たたき、酢じめ、塩焼き、から揚げ、あえもの、フライ、ムニエル、マリネなど。

・目が澄んでいる
背びれ
ぜいご
えらぶた
胸びれ
腹びれ
・体全体が銀色に光っている

尾頭《おかしら》つきの下ごしらえ—❶

尾と頭がついた、姿のままを尾頭つきと呼ぶ。塩焼きや煮つけにするときは、尾頭つきが多い。あじには、ぜいご（ぜんご）と呼ばれるかたいうろこがあるので、尾頭つきにするときは、必ずとり除く。

えらをとる

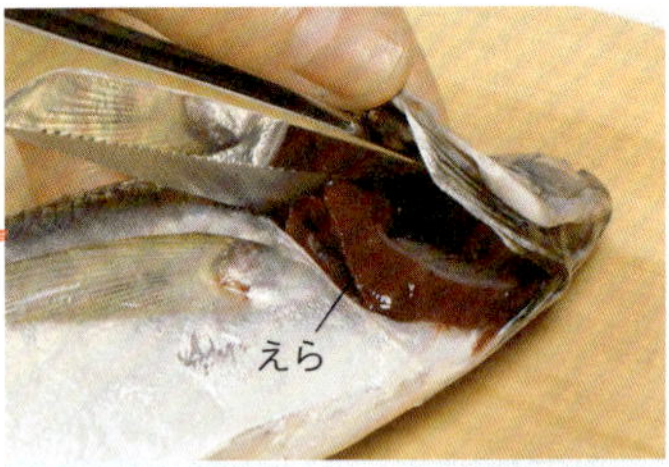
えら

えらぶたをあけ、腹側と背側のえらのつけ根をキッチンばさみで切り離す。

指でえらをとり出す。反対側のえらも同様にしてとる。
うろこをとる（p.92 **1**）。

ぜいごをとる

ぜいごは尾のつけ根から包丁を入れる。

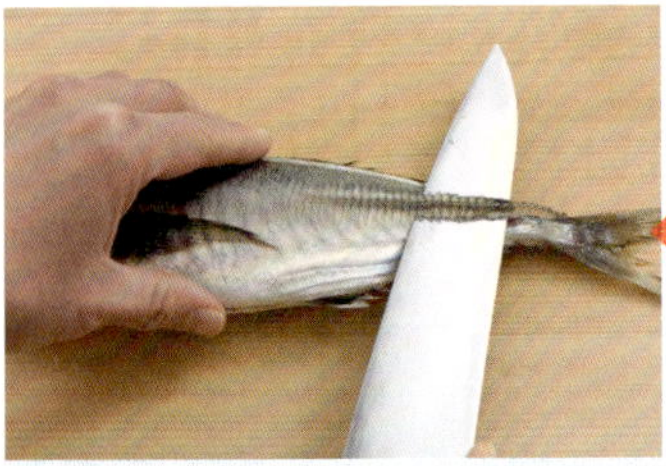

包丁を前後に細かく動かして、指でさわって、おおむね気にならなくなるところまでそぎとる。裏側もとる。

冷蔵

内臓からいたむので、すぐに、えらと内臓をとって、洗ってから冷蔵庫に。その日のうちに調理する。

冷凍

【2～3週間】

新鮮なうちにえらと内臓をとり、三枚おろしにする（P.93）。塩少々をふって水気をふき、ラップで包み保存袋に入れて冷凍→冷蔵庫や氷水で解凍。凍ったまま加熱調理もできる。

尾頭つきの下ごしらえ—❷

一尾を姿で盛りつける場合は、見えない裏側に切り目を入れて、そこから内臓をとり出す。

内臓（はらわた）をとる

頭を左、腹を手前にして盛るのが表側。裏側の胸びれの下に3～4㎝の切り目を入れる。包丁の先を切り目に入れ、内臓をかき出す。

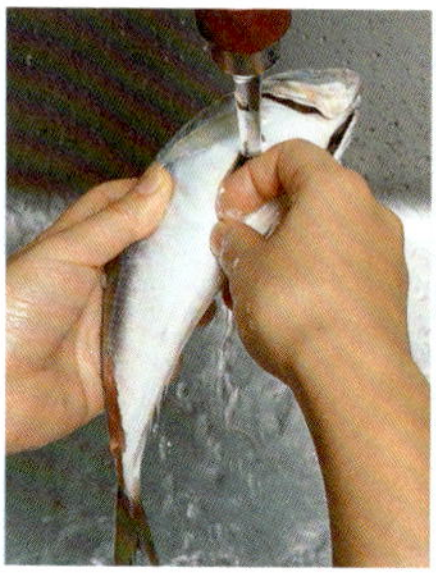

水を流しながら、切り口に指先を入れ、残った内臓と中の血を洗う。中骨近くについている血のかたまりが生ぐささの原因。指先でかき出しにくい場合は、菜箸を差し入れて洗い流す。ペーパータオルで、水気をふく。

あじの塩焼き

頭を左、腹を手前にして盛る。前盛りとして、葉しょうがやみょうがの甘酢漬け(p.81)、だいこんおろしなどを添える。

1 あじは、えら、うろこ、ぜいごと内臓を除く。洗って水気をふく。

2 身が厚い場合は、火通りをよくするために、表側に切り目を入れる。

3 ざるにのせて、約20㎝上から塩をふる。塩（魚の重さの1～2％）は、指と指の間から魚の両面にふる。15分ほどおき、さっと洗って水気をよくふく。

「ふり塩」といい、塩味をつけ、魚の水分を出すと同時に生ぐさみを出す。身がしまって焼きくずれしにくくなる。ざるにのせるのは、魚から出る汁が魚につき、生ぐさくなるのを防ぐため。塩の量のめやすは、あじ1尾に対して小さじ1/2くらい。

魚に塩をふってからあまり長くおくと、うまみが失われ、身がしまりすぎる。いわしなど身がやわらかくて小さいものは、5～10分、たいなどの大きいものは30分くらいおく。

4 焼く直前に、尾と胸びれ、背びれに指先で塩をすりこむ。「化粧塩」といい、尾とひれが焼けこげて落ちるのを防ぐ。見た目も美しい。

5 グリルは予熱する（予熱不要のものも）。表側を上にして、強火で6～7分、こんがりと焼く。途中、尾や胸びれがこげそうなときは、そこにホイルをかぶせると防げる。

※片面グリルの場合は、火は上からだけあたる。まず、裏側を5分焼き、表に返して4分ほど焼く。

いか・たこ

【いか】

旬 するめいかは夏〜冬

冷蔵

内臓からいたむので、すぐに、内臓をとって冷蔵庫に。その日のうちに調理する。

冷凍

【2〜3週間】

内臓、軟骨をとり、胴と足に分ける。ラップで包み、保存袋に入れて冷凍→冷蔵庫か氷水で解凍。凍ったまま加熱調理もできる。

エンペラ
・胴が丸い
・目がへこんでいない
足
・黒っぽい赤色で、透明感と光沢がある
頭
・足にさわると吸盤が吸いつくような感じ

種　類

写真は「するめいか」。ほかに「やりいか」、「けんさきいか」、「もんごういか」など。

こんな料理に

刺身、照り焼き、照り煮、あえもの、酢のもの、天ぷら、かき揚げ、フライなど。

いかの下ごしらえ

腹の中を流水で洗い流し、水気をよくふく。

胴の中に指を入れ、胴についているところをはずす。

エンペラ
胴
内臓
（はらわた）
目
（中に）
くちばし

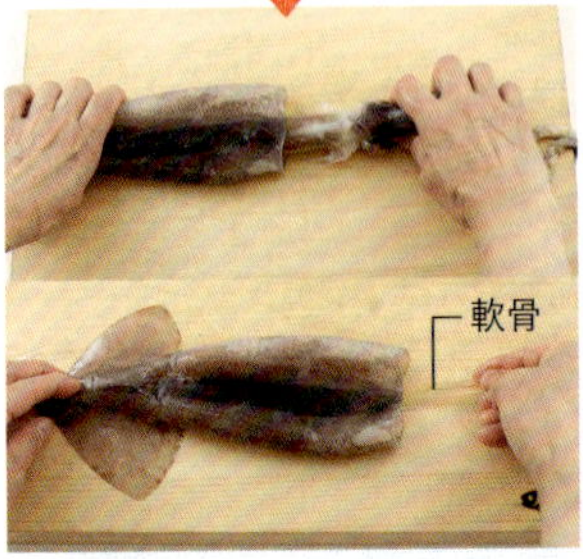

軟骨

左手でエンペラを押さえ、右手で足のつけ根を持って、内臓を引き抜く。指を中に入れて軟骨もとる。

１枚に開いて調理する場合は、胴の中に包丁の刃を外に向けて入れ、切り開く。

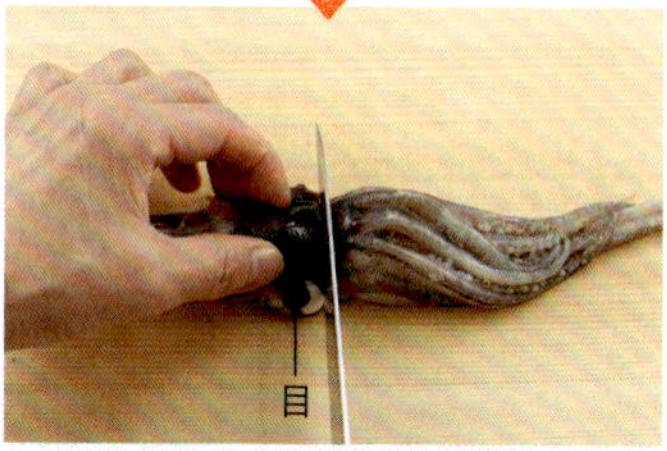

足は、目の下のところから切り離す。

足の輪を切り開く。

足の中心にかたいくちばしがある。指先で押し上げるようにして、とり除く。

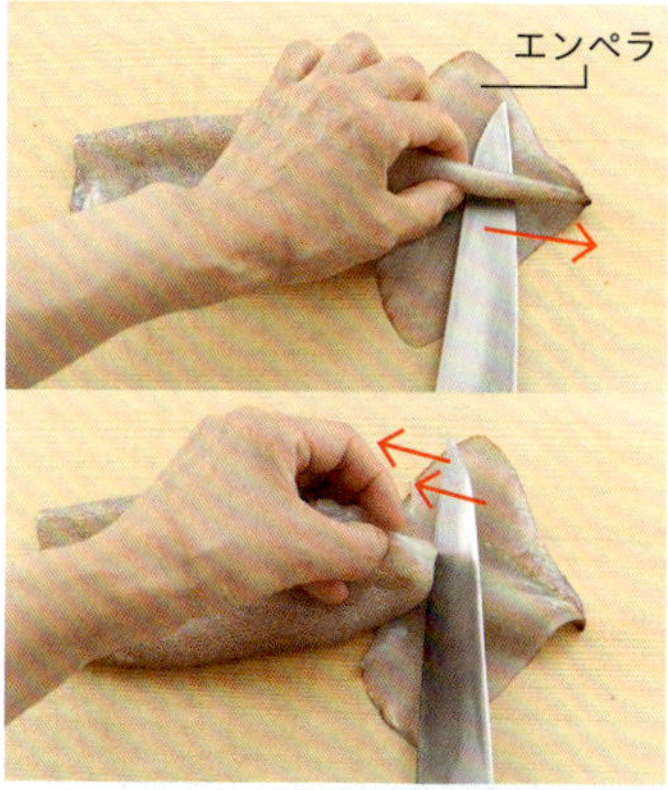

エンペラのついているほうを下にし、胴との間に包丁を入れ、エンペラの上部をはがす。はがした胴の先を持ちながら下部もはずす。

エンペラがついていた部分から、胴の皮をひとまわり分をまとめてはずし、下まで一気に引いて皮をむく。

エンペラの表側中央に縦に浅く切り目を入れ、そこから皮をむく。

足の処理

足の吸盤は、指でしごいてとるか、包丁で切り落とす。

足先はかたくて食べにくいので、1～2㎝切り落とす。

細づくり

刺身のつくり方のひとつで、糸づくりともいう。皮をむいた胴を、包丁の刃先で線を引くように細く切る。

かのこ切り

いかは、加熱するとかたく、かみ切りにくくなる。
調理の前に切り目を入れると、
食べやすく、見た目も美しくなる。

包丁をまっすぐにし、厚みの半分まで、縦横に細かく切り目を入れる。

輪切り

皮つきのまま輪切りにする場合は、腹の中を洗って水気をふき、端から切っていく。すべりやすいので、胴をしっかりと押さえて、包丁を向こう側から手前に引くようにして切る。

わた、墨袋の処理

新鮮ないかなら、わたを塩辛にしたり、
炒めものにしたりできる。

内臓は、目のある部分と先端部分を切り落として「わた袋」だけにする。

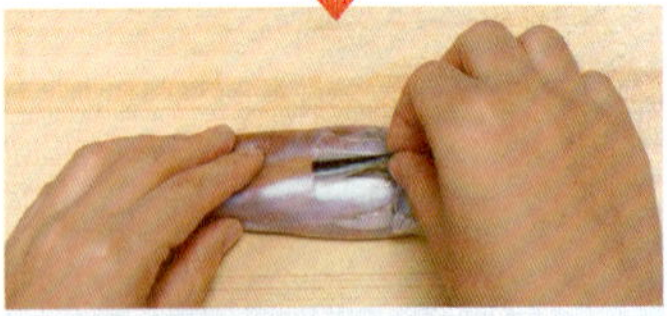

わた袋についている墨袋をつまんで、静かに引き離す。破れると墨が飛び散るので気をつける。

わた袋に切り目を入れて、わたをしごき出す。

いかのマリネ

材料（2人分／
1人分 181kcal、塩分 1.1g）

するめいか……1ぱい（250 ～ 300g）
たまねぎ……1/4 個（50g）
パプリカ（黄）……1/3 個（50g）
＜マリネ液＞
酢・白ワイン……各大さじ1
オリーブ油……大さじ1・1/2
塩……小さじ 1/4
こしょう……少々

1 たまねぎは薄切り、パプリカは長さを半分にし、薄切りにする。

2 いかは皮をむいて、7～8㎜幅の輪切りに、足は2本ずつに切り分け、吸盤をとる。食べやすい長さに切る。

3 ボールにマリネ液を合わせ、1をつける。

4 鍋にたっぷりの湯を沸かし、いかをさっとゆでてざるにとり、水気をきる。熱いうちに3につける。

【たこ（ゆで）】

種　類

市場に出回っている多くは「まだこ」をゆでたもの。小さいものは頭ごと、大きいものは足を切り分けて売っている。

こんな料理に

そのまま刺身風に、酢のもの、炊きこみごはん、マリネなど。

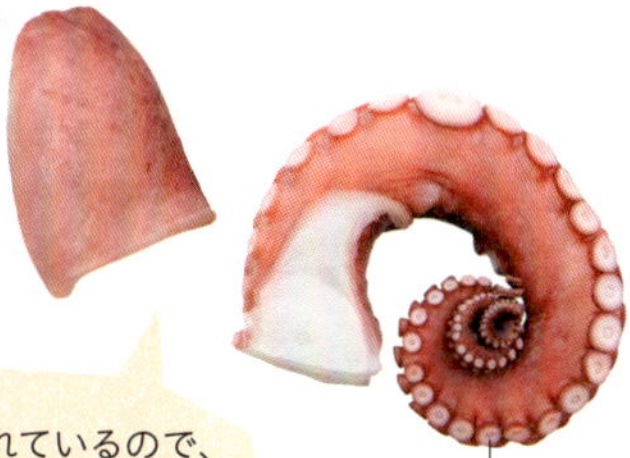
切り分けた足と頭の切り身。セットにして売っていることもある。
ゆでてから売られているので、基本的にはそのまま食べられるが、汚れが気になる場合は、さっと洗うか、熱湯をかける。
・皮に傷がない
・足が巻いている

冷蔵
パックのまま冷蔵庫へ。消費期限をめやすに早めに食べる。

冷凍
【2～3週間】
小分けしてラップで包み、保存袋に入れる→冷蔵庫か氷水で解凍。凍ったまま加熱調理もできる。

頭の処理

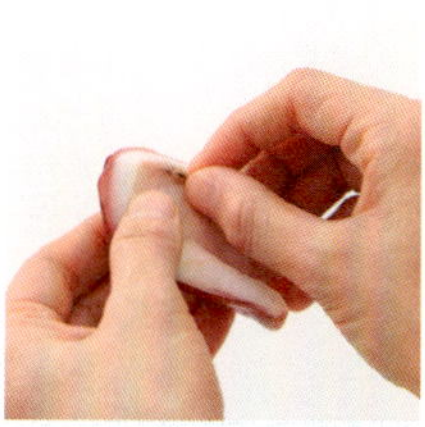

頭は半分に切って売られていることが多い。内側に膜のようなものが残っていることがあり、それを手で除いて、よく洗う。

ぶつ切り

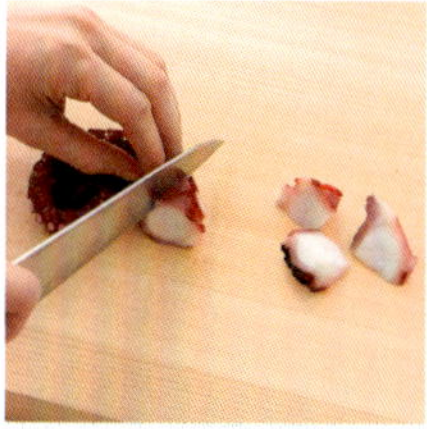

乱切り（p.21）のように、方向を変えながら、ぶつぶつと切る。

そぎ切り

身の左端からそぐように切る。包丁を右に傾け、刃元から刃先へと手前にひと引きして切り離す。

いわし

旬 9～12月

・目が澄んで赤くない
・頭から背にかけて青緑色
・うろこがはがれていない
・腹に弾力があって切れていない
・腹側は銀白色
・まいわしには、「七つ星」と呼ばれる黒点があり、新鮮なものは黒点がはっきりしている

種　類

生で売られているものの多くは、写真の「まいわし」。ほかに「かたくちいわし」、「うるめいわし」など。

こんな料理に

刺身、塩焼き、しょうが煮、かば焼き、つみれ、さつま揚げ、フライ、トマトソース煮など。

「手開き」にする

いわしは身がやわらかいので、手で開ける。包丁を使うより、手早くできる。

包丁を尾から頭に向けて動かしてうろこをとる。次に、胸びれの下に包丁を入れ、頭を切り落とす。

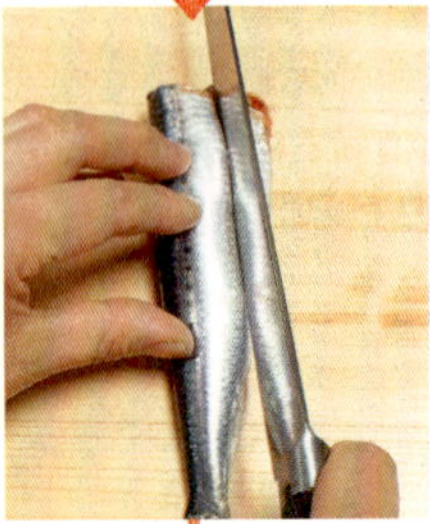

腹から7～8㎜内側に包丁を入れ、腹びれの下まで斜めに切り落とす。

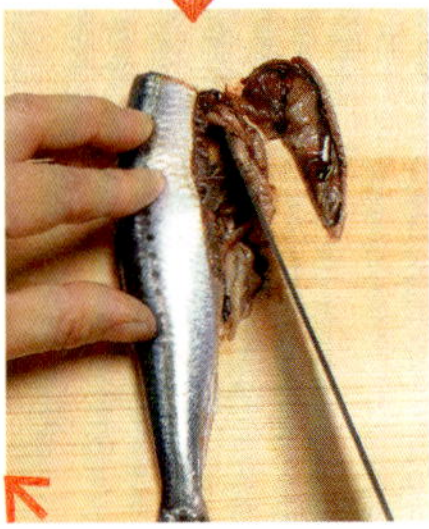

包丁の先で、内臓をかき出す。

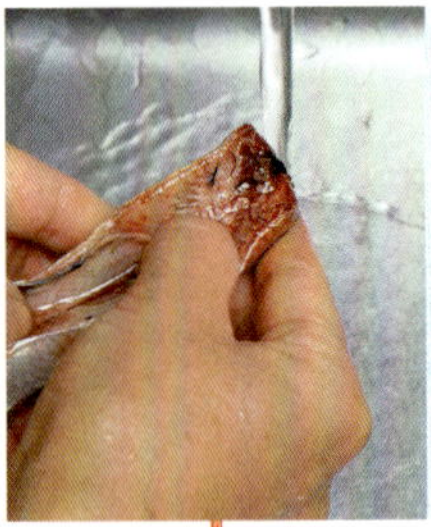

内臓の残りや、中骨についた血を指先でこすりながら洗う。これ以降は洗わないのでていねいに洗い、水気をふきとる。

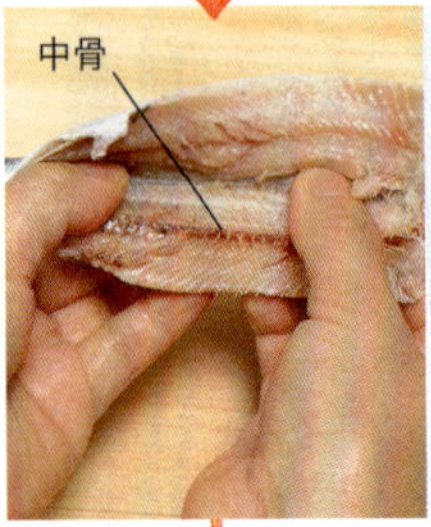
中骨

腹から、中骨の上側に両手の親指を入れ、指が背側についたら中骨にそって左右に指をすべらせながら、身を開いていく。

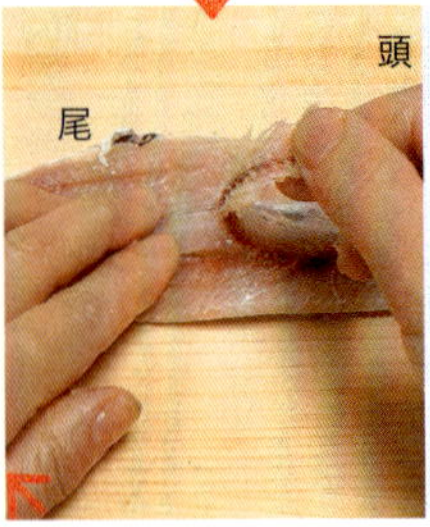
頭
尾

尾のところで中骨のつけ根を折る。身を押さえながら、中骨を頭のほうに引っ張り上げて、はずす。

冷蔵

いわしは特にいたみやすいので、すぐに調理できないときは、内臓をとって冷蔵庫に入れる。その日のうちに調理する。

冷凍

【2～3週間】

身だけにして細かくたたき、酒・塩・しょうがのしぼり汁各少々で味をつける。小分けしてラップで包み、保存袋に入れて冷凍→冷蔵庫や氷水で解凍。

皮は頭側からはがす

刺身にするときなどは、尾を落として皮をむく。皮は、頭のほうから尾に向けてはがす。

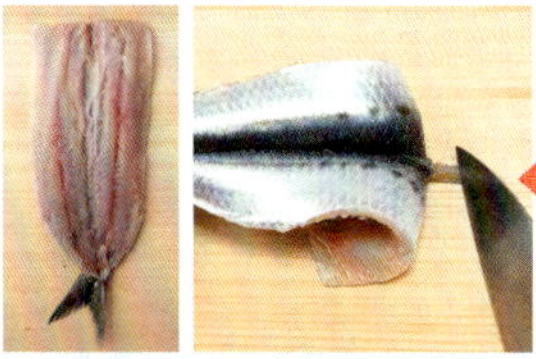

背びれを包丁で押さえ、尾を引っ張るようにして背びれをはがし、切りとる。手開きのできあがり。

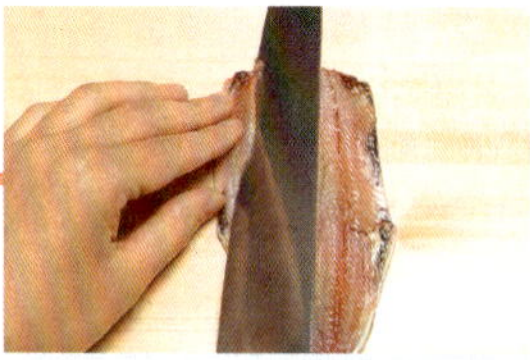

身を縦に置き、包丁をねかせて腹骨をそぎとる。上下の向きを変え、反対側の腹骨もそぎとる。

いわしのかば焼き

材料

(2人分／
1人分 134kcal、塩分 1.5g)

いわし …… 中2尾(約 200g)
　かたくり粉 ………… 大さじ1
サラダ油 ………………… 小さじ1
A 砂糖 ……………… 大さじ 1/2
A しょうゆ・みりん・酒 ……………………… 各大さじ1
甘酢しょうが ……………… 少々

尾を右、皮を下にして盛りつける。

1 いわしは手開きにする(尾は残す)。両面にかたくり粉をまぶす。A は合わせておく。

2 フライパンに油を温め、中火でいわしを身のほうから焼く。

3 きれいな焼き色がついたら裏返し、両面を焼く。フライパンの汚れをペーパータオルでふきとり、A を加える。

4 煮立ったら、たれをスプーンでかけながら、からめる。盛りつけて、手前に甘酢しょうがを添える。

つみれ汁

材料 (2人分／
1人分 86kcal、塩分 0.9g)

いわし ……………………… 中2尾(約 200g)
A みそ ……………………………… 小さじ 1/2
A しょうが ……………………… 1かけ(10g)
A かたくり粉 ……………………… 大さじ 1/2
ねぎ(小口切り) ……………………………… 10cm
だし ……………………………………… 400mℓ
B しょうゆ …………………………… 小さじ 1/2
B 酒 ……………………………………… 大さじ1
B 塩 ………………………………………… 少々
七味とうがらし ………………………………… 少々

1 しょうがは皮ごとすりおろし、汁をしぼる(p.83)。

2 いわしを手開きにする(p.102)。尾を切りとり、皮をむく(上記)。

3 いわしの身を包丁で細かくたたく。ボールに入れ、A を加えてよく混ぜる。6等分して丸める(つみれ)。

4 鍋にだしを煮立て、つみれを加える。アクをとりながら3分ほど煮る。B で調味し、椀に盛る。ねぎをのせ、七味とうがらしをふる。

えび

旬
・車えびは夏、甘えびは冬
・ブラックタイガーとバナメイえびは冷凍品が多く、ほぼ1年中出回っている

・形がくずれていない
【甘えび】

【ブラックタイガー】

・頭がしっかりついている
【車えび】
・しま模様が鮮明

【バナメイえび】
・身が透き通っている

【むきえび】
・形、大きさがそろい、身が透き通っている

こんな料理に

甘えびは刺身、車えびは塩焼き、天ぷらなど。ほかにかき揚げ、すり身だんご、フライ、グラタン、チリソース煮など。

冷蔵

鮮度が落ちやすいので、その日のうちに使う。ほとんどが冷凍を解凍して売られているので、再冷凍は向かない。**冷凍品を使う場合は、凍ったまま氷水につけて解凍するか、水をかえながら解凍。**

頭と殻をとる

頭をとる場合は、胴のつけ根を持ち、頭を引っぱる。

腹側のほうから胴にそってぐるりと殻をむく。

尾に続く1節の殻を残すと、調理したときに形がくずれず、加熱すると赤くなって、きれい。サラダなどにゆでて使うときは、殻つきのまま背わたをとってからゆで、さめてから殻をむくとうま味が逃げない。

殻つきのまま洗う

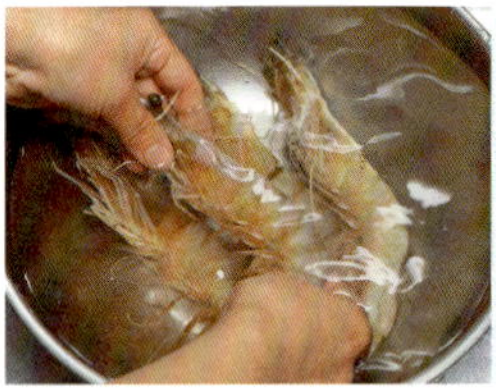

殻をつけたまま水洗いする。殻をむいてから洗うと、うま味が流れ出してしまうだけではなく、いたみやすくなるため。

むきえびは、塩水で洗う

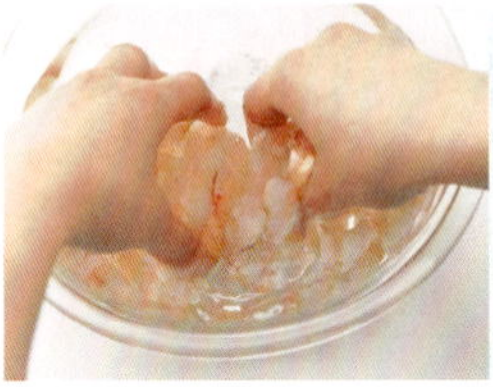

むきえびは、塩水（水200㎖に対し、塩小さじ1の割合）で、もみ洗いする。汚れが表面に出てきて、くさみがとれる。

背わたをとる

背わたは、えびの背中にある黒い筋に見える内臓。食べるとくさみがあり、食感が悪くなる。背わたが黒くないものもある。

背を丸め、頭から2～3節目の殻と殻の間に浅く竹串を刺しこむ。背わたをすくいとり、引き抜く。すくいとった背わたを人差し指で押さえるとうまくとれる。

まっすぐに仕上げたいとき

塩焼きなど、まっすぐに仕上げたいときは竹串を1本刺す。尾のつけ根が見えている部分から、頭の先まで串を通す。

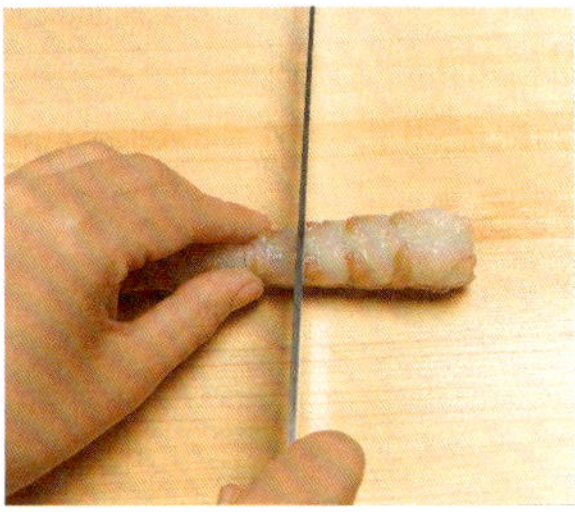

むき身の場合は、腹側の4～5か所に、浅く切り目を入れてから、手で少しのばす。

尾の処理

えびフライ、天ぷらなど尾をつけて調理するときは、尾の処理をする。

剣先《けんさき》と尾の先を少し切り落とす。剣先は尾の中央にあるとがった部分で、口に当たると痛い。

包丁の先で、尾の中の水分をしごき出す。揚げたり、炒めたりする際、油はねを防ぐため。

えびマヨ

材料

(2人分／
1人分 267kcal、塩分 1.5g)

ブラックタイガー *(殻つき・無頭) …… 8尾(160g)
A 塩・こしょう …… 各少々
A 酒 …… 小さじ1
かたくり粉 …… 大さじ1
ブロッコリー …… 1/2 株(100g)
サラダ油 …… 大さじ1
B マヨネーズ …… 大さじ3
B 牛乳 …… 大さじ1
B 塩 …… 小さじ 1/4

* 鮮やかな赤い色になるので、ブラックタイガーで作るのがおすすめ。

1 えびは尾の処理をする(上記)。尾に続く1節を残して殻をむく。

2 背側に切りこみを入れ、背から開いて背わたをとる。Aをもみこむ。

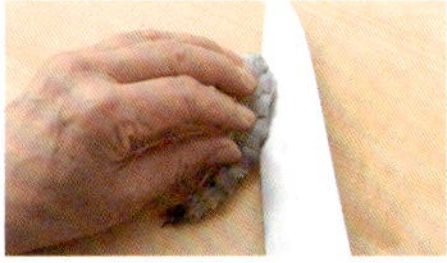

3 ブロッコリーは小房に分け(p.75)、熱湯で1～2分ゆでる。ボールにBを合わせる。

4 えびにかたくり粉をつける。

5 フライパンに油を温め、えびの全面が赤くなるまで中火で焼く。ブロッコリーを加えて軽く炒める。

6 Bのボールに5を入れてあえる。

かつお

冷蔵

買ったその日のうちに食べる。残ったら、しぐれ煮などに加熱調理し、2〜3日中に食べる。冷凍は不向き。

旬　春、秋

4〜5月に出回る「初がつお」と秋の「もどりがつお」があり、「もどりがつお」は脂がのっている。

こんな料理に

刺身、たたき、しぐれ煮。

※「かつおのたたき」の料理名は、あぶったかつおに薬味をのせて、手や包丁でたたいてなじませたことが由来。薬味を添えただけのたたきも増えている。

【たたき用】

皮つきの節の表面をあぶったもので、そのまま食べられる。

【刺身用（皮なし）】

節には、背身と腹身がある。下の腹身のほうが脂肪が多い。

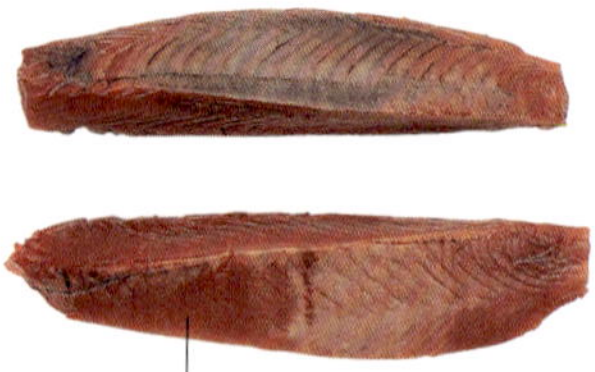

・鮮やかな赤色

かつおは、「節《ふし》」の形で売られることが多い。節は大きな魚を三枚におろし、さらに背側（背身）と腹側（腹身）に切り分けたもの。節を刺身用などに形を整えたものが「さく」。

身をくずさずに切る

かつおの身はやわらかく、切り方に気をつけないと身がくずれてしまう。刺身用もたたき用も切り方のポイントは同じで、どちらも、食べる直前に切り分けると、色もきれいでおいしい。

皮を手前にしてまな板にのせる。包丁を刃元から刃先へと手前にひと引きして切る（引き切り）。

かつおのたたき

材料

（2人分／1人分 126kcal、塩分 1.4g）

かつお（たたき用）
…………………… 1/2 節（200g）

＜薬味＞
だいこん …………………… 80g
しょうが …………… 小1かけ（5g）
にんにく …………… 小1片（5g）
万能ねぎ …………………… 1本
しその葉 …………………… 3枚
すだち（またはレモン）…… 1/4 個
しょうゆ …………………… 適量

1 だいこん、しょうが、にんにくはすりおろす。万能ねぎは小口切りにする。

2 かつおは、7〜8㎜幅に切る。皿にしそと盛りつけ、だいこんとしょうがのすりおろしをのせ、ねぎを散らす。にんにくとすだち、しょうゆを添える。

かに

冷蔵

生のかには、なるべく早くゆでるか蒸す。加熱したかには、パックごと冷蔵し、早めに食べる。再冷凍は避ける。

【わたりがに】

鍋もの用などに切り分けられていることが多い。身が少なめなので、殻ごと調理する。

【毛がに】

姿のまま、生で売られていることもある。丸ごとゆでて食べる。

【たらばがに・ずわいがに】

ゆでてから切り分け、冷凍して売られていることが多い。冷蔵庫で解凍し、洗わずに食べる。

ゆでて売られているものは、殻から身を出してそのまま二杯酢(p.157)で食べるか、あえものなどに使う。

毛がにをゆでる

ずわいがになど、ほかのかにもゆで方は同じ。

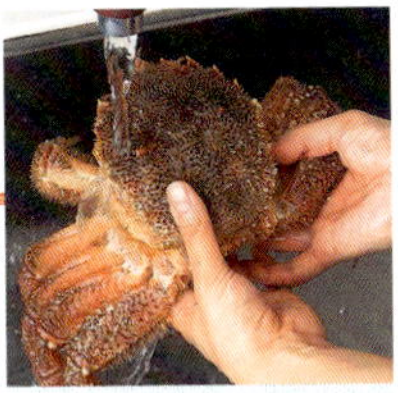

かには水で洗う。

大きな鍋にたっぷりの湯を沸かし、塩(水3ℓに対して塩大さじ3の割合)を加えて、かにをゆでる。小さいかにで約10分、大きいものなら約20分、アクをとりながらゆでる。途中で1回返す。

ゆであがったら、裏側を上に向けて置き、三角形の部分(前かけ)を手前に引いてはずす。

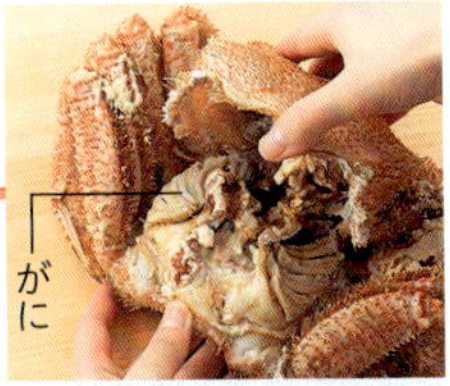

表に返し、甲羅をはずしてがにをとり除く。

がには、身の両側の繊維状のもので、食べられない。指でつまんで除く。

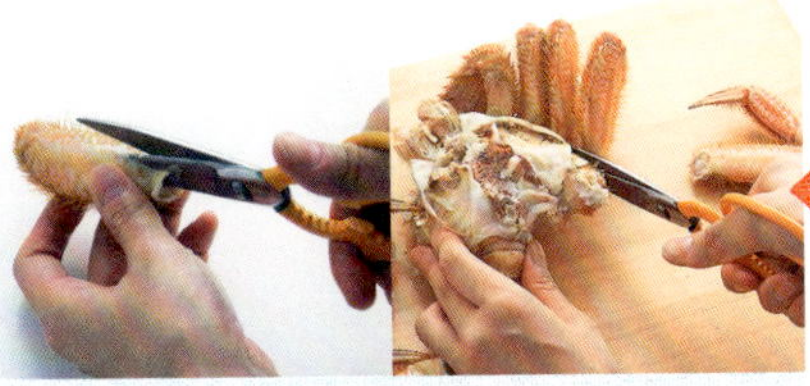

キッチンばさみで身と脚を切り離す。脚の殻に切り目を入れる。ずわいがにやたらばがにの脚は、裏の白い部分に切り目を入れるとよい。

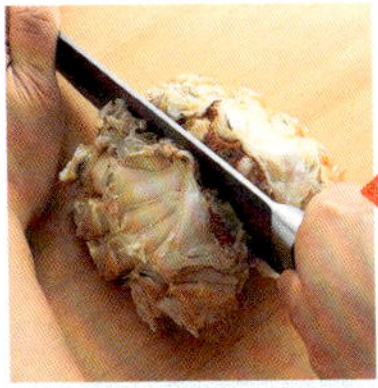

胴は食べやすい大きさに包丁で切り分ける。

かれい

旬
冬、春~夏

一尾の魚の盛りつけは、ふつう頭が左、腹が手前だが、一尾のかれいは例外で表側を上に盛ると頭が右となる。

種　類

「まがれい」、「まこがれい」が一般的。「黒がれい」、「赤がれい」、「なめたがれい」などは高級品で、「あさばがれい」は安価な輸入冷凍品が多い。

こんな料理に

煮つけ、から揚げ、ムニエル、フライ、蒸し煮など。

子持ちかれい

大きいものは切り身で売られ、卵があるものを「子持ちかれい」と呼ぶ。煮つけにするとおいしい。

冷蔵

内臓からいたむので、買ってきたら、まず、えらと内臓をとり、洗ってから冷蔵庫へ。その日のうちに調理。切り身も早く調理する。冷凍は不向き。

うろこ、えら、内臓をとる

両面のうろこを、包丁の先で、尾から頭に向けて、ていねいにこそげとる。ひれや尾のぬめりも生ぐさいので、刃先でしごいてとる。

刃先についたうろこやぬめりは、ペーパータオルでふきとりながら行う。

えらぶたを広げ、えらのつけ根をキッチンばさみで切る。指でえらをつまんで引っ張り、とり除く。裏側も同様にえらをとる。

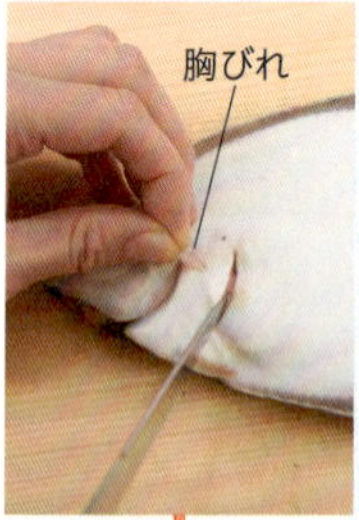

裏側（皮の白いほう）の胸びれの下に小さく切り目を入れる。左手で胸びれを持って皮をピンと張って、刃先を皮に突き刺してから切るとよい。

切り口から内臓を少し出してから、表側に返す。刃先に内臓をひっかけ、かれいをそらせるようにし、内臓を引き出す。

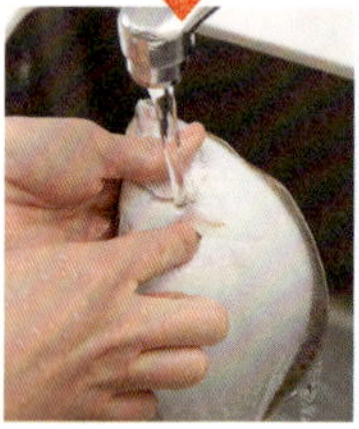

腹の中と全体をよく洗い流す。

子持ちかれいの煮つけ

黒い皮のほうを上にして盛り、添えのものは手前に置く。

材料（2人分／1人分 277kcal、塩分 2.4g）

子持ちかれい …… 2切れ（300g）
しょうが …… 1かけ（10g）
万能ねぎ …… 30g

＜煮汁＞
水 …… 200㎖
酒 …… 100㎖
みりん …… 大さじ3
しょうゆ …… 大さじ2

1 切り身の皮にうろこがあればとる。表側の皮（黒いほう）に1本切り目を入れる。しょうがは皮つきのまま薄切りにする。万能ねぎは5〜6㎝長さに切る。

切り目を入れると、調味料がしみこみやすくなり、皮も破れにくい。一尾の場合は、表側に切り目を2〜3本入れる。

2 鍋かフライパンに煮汁の材料としょうがを入れ、強火にかける。煮立ったら表側を上にして、かれいを入れる。

煮汁を煮立てた中に魚を入れるのが基本。魚の表面が急速に固まるため、うま味が流れ出るのを防げる。火が弱いと生ぐささが残るので強めの火で煮る。

再び煮立ったらアクをとる。

煮立つと、表面に濁った泡状の固まりが浮かぶ。これが「アク」。アクとりなどですくいとるが、目立つアクだけでよい。ボールに湯を用意してすすぎながらとる。

3 アクをとったら中火にし、煮汁をかけてから落としぶたをする（鍋のふたはしない）。時々煮汁をかれいにかけながら、約15分煮る。

身がくずれやすいので、途中で返さずに仕上げる。

4 落としぶたをとり、煮汁が少なくなるまで、強火で2〜3分煮つめる。火を止め、「あら熱」がとれたら、フライ返しなどで魚を器に盛る。

「あら熱をとる」とは、加熱直後の熱をほどほどにさますこと。

5 残った煮汁に万能ねぎを入れ、さっと火を通して魚に添える。煮汁をかける。

落としぶた

落としぶたをするのは、形くずれを防ぐためと、煮汁をいきわたらせるため。市販品のほか、アルミホイルでも代用できる。アルミホイルを鍋の口径より少し小さめに折り、5〜6か所穴をあける。傷つきやすい食材や、空気に触れるとしわがよる豆を煮るときには、クッキングシートなどの紙に穴を開けて使う。

川魚（あゆ・にじます）

冷蔵

買ったら、その日のうちに調理する。

冷凍

【2～3週間】

内臓を出し、1尾ずつラップで包んで保存袋に入れて冷凍→冷蔵庫で解凍。塩焼きにしてから冷凍してもよい。

【あゆ】

旬 春～夏

やまめ、岩魚《いわな》などの川魚も扱いは同様。内臓もとらずに、姿のまま焼くなどして食べることが多い。

・光沢がある
・尾がピンとしている
・腹部が張っている

種　類

店で売られる多くは養殖のあゆで、6～8月に多く出回る。天然ものはスマートな形、養殖は太めで脂がのっている。

こんな料理に

塩焼き、甘露煮、から揚げなど。

塩焼きの方法は、「あじの塩焼き」(p.97)と同じ。内臓は香りが強く、にが味が好まれるので、とらずに焼く。

【にじます】

身のやわらかい白身魚。さけの仲間だが、川や湖など淡水で育つ川魚に分類される。現在はほとんどが養殖。

・目が澄んでいる
・うろこがしっかりして表面につやがある

こんな料理に

ムニエル、から揚げ、塩焼きなど。

にじますはえらと内臓をとる

にじますは、あゆなどより大きいので、えらと内臓をとって調理する(p.96、97)。

あゆの処理

尻びれの近くを尾のほうへしごき、排泄物を押し出す。水で洗い、ペーパータオルで水気をふく。

包丁についたうろこ・ぬめりは、ペーパータオルでふきとりながら行う。

ぬめりをとる

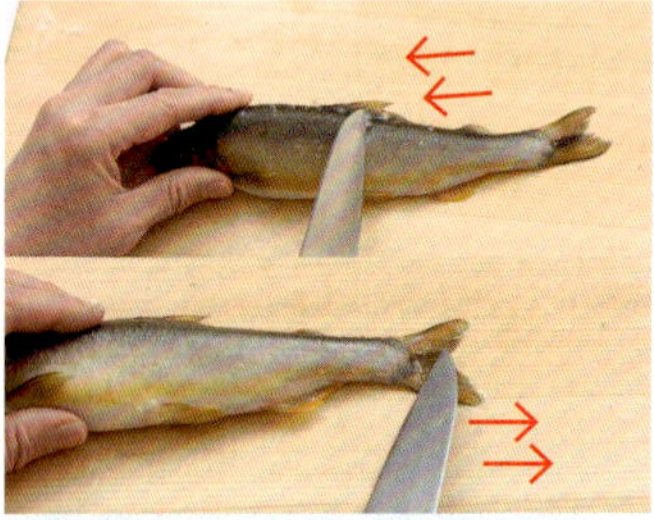

まず水で洗う。あゆは内臓もえらもとらずに食べられるが、えらの中も洗う。皮のぬめりは洗っただけではとれないので、包丁の刃先でこそげとる。うろこも一緒にとれる。尾ひれのぬめりもこそげとる。

さけ・たら

冷蔵

買ったその日のうちに調理する。

冷凍

【2～3週間】

甘塩の切り身はそのまま、生は塩少々をふるなど、下味をつける。小分けしてラップで包み、保存袋に入れて冷凍→冷蔵庫で解凍。凍ったまま加熱調理もできる。

【さけ】

旬 秋～冬

【白ざけ】

銀ざけ、紅ざけなど種類が多いが、よく出回っているのは白ざけと銀ざけ。塩焼きやフライなどに。

【トラウトサーモン】

トラウトサーモンは商品名で、海水で養殖したにじますのこと。さけの仲間だが、脂が多く身がやわらかい。ムニエルに。

【たら】

旬 冬

【銀だら】

【真だら】

・皮が銀色で光沢がある（さけ・たら共通）

どちらも、生の切り身（生さけ・生たら）と塩をふった切り身（甘塩さけ、甘塩たらなど）がある。用途に合わせて使い分ける。

こんな料理に

塩焼き、照り焼き、ムニエル、鍋もの、フライなど。

切り身魚の扱い

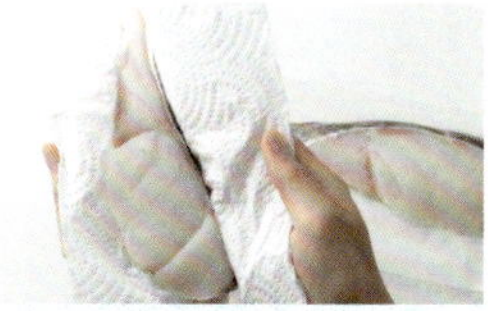

洗うとうま味まで流れてしまうので、洗わない。

トレーにドリップ（汁）が多いものは、店頭に長く置かれていた可能性がある。その場合は、表面をさっと洗って水気をふいてから使う。

切り身魚の表と裏

基本的には、皮がよく見えるほうが表側。皮がない場合は、切り口の面の広いほうを左にした状態が表となる。

さけのムニエル

＊たらでも同じように作れる。

材料（2人分／1人分 226kcal、塩分 0.6g）

生さけ
　……… 2切れ（200g）
　塩・こしょう
　………………… 各少々
　小麦粉 …… 大さじ1/2
にんにく …… 1片（10g）
サラダ油 …… 大さじ1/2

A
　バター ……………… 10g
　酒 …………… 大さじ2
　しょうゆ …… 小さじ1/2

＜つけあわせ＞
　さやいんげん …… 30g
　ミニトマト ……… 2個

1. さけに塩、こしょうをふり、10分ほどおく。
2. にんにくは薄切り、トマトはへたをとり半分に切る。いんげんは2分ほどゆでて、長さを半分に切る。
3. さけの水気をふいて小麦粉を薄くまぶす。
4. フライパンに油とにんにくを入れ、弱火にかける。にんにくが色づいたらとり出す。
5. さけを表側を下にして入れ、弱めの中火で焼く。焼き色がついたら裏返し、弱火にして3分ほど焼いてとり出し、器に盛る。野菜を添え、にんにくを散らす。
6. フライパンの脂をふいてAを入れ、中火にかける。煮立ったら火を止めて、さけにかける。

さば

旬 秋〜冬 ごまさばは夏

【まさば】

・目が黒々として澄んでいる
・体の模様がはっきりして全体につやがある
・尾がピンとしている
・腹がかたくしまっている

塩さば
保存性を高めるために、塩味をつけたさば。そのまま焼いて食べられる。

【ごまさば】

【大西洋さば】

種　類

一尾の写真は「まさば」で、背が青緑色のまだらもよう。夏に多く出回る「ごまさば」は、おなかにごまのような点があり、まさばよりも脂は少なめ。背に「く」の字のもようがある「大西洋さば」は、輸入がほとんどで、脂が多い。

小さいものなら、1尾で買って三枚におろせる(p.94)。二枚おろしの半身や切り身で売られることが多い。それらは、骨がついている身とついていない身がある。

こんな料理に

しめさば、みそ煮、おろし煮、塩焼き、竜田揚げ、トマトソース煮、甘酢あんかけなど。

冷蔵

「さばの生きぐされ」といわれるように鮮度が落ちやすい。買った日に調理する。

冷凍

【2週間】生は向かない。みそ煮などに調理し、煮汁ごと保存袋に入れて冷凍→冷蔵庫で解凍するか、鍋や電子レンジで加熱。

さばのみそ煮

皮を上、腹側を手前にして盛る。

材料

（2人分／1人分 302kcal、塩分 2.5g）

さば ………… 2切れ（200g）
しょうが（薄切り） ………………… 1かけ（10g）
A 水 ………………………… 150mℓ
A 酒 ………………………… 50mℓ
A 砂糖 ……………… 大さじ1
A みりん …………… 大さじ1
A しょうゆ ……… 大さじ 1/2
みそ ………… 大さじ1・1/2

1 さばは、半身なら2つに切る。皮に切り目を入れる。

2 フライパンか鍋に A としょうがを入れて煮立てる。皮を上にしてさばを入れ、スプーンでさばに煮汁をかけながら、中火で2〜3分煮る。アクが出てきたら、とる。

3 2の煮汁を少量とってみそを溶き、フライパンに加える。

4 スプーンでさばに煮汁をかける。落としぶた(p.109)をして、中火で約10分煮る（途中で1〜2回煮汁をかけ、味をなじませる）。

5 落としぶたをとって、少し残る程度に煮汁を煮つめる。

さんま

・目が澄んでいる
・太っている
・腹に張りと弾力があり、やぶれていない

さんまの内臓

ふつう、丸ごと一尾の魚を調理するときは内臓を除くが、さんまはとらなくてもよい。火が通れば食べられる。塩焼きでは適度なほろにがさがあって、さんまの塩焼きはここがいちばんおいしい、と言う人もいる。

こんな料理に

塩焼き、かば焼き、おろし煮、竜田揚げなど。

＊塩焼きの方法は、あじの塩焼きと同じ（p.97）。丸ごとが無理なら、2つに切って焼く。

筒《つつ》切り

内臓を出してそのまま輪切りにする、筒状になる切り方。筒切りだと、煮たり焼いたりしても、姿がくずれにくい。

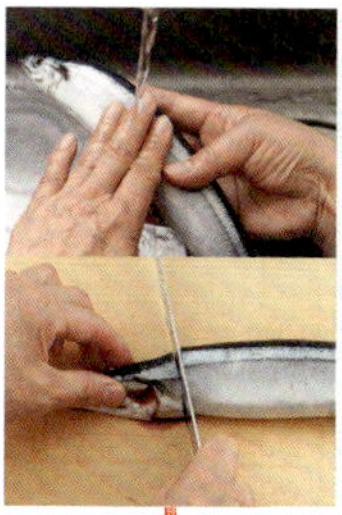

流水で洗いながら、表面を手でこすり、残っているうろこをとる。
胸びれの下に包丁を入れ、頭を切り落とす。

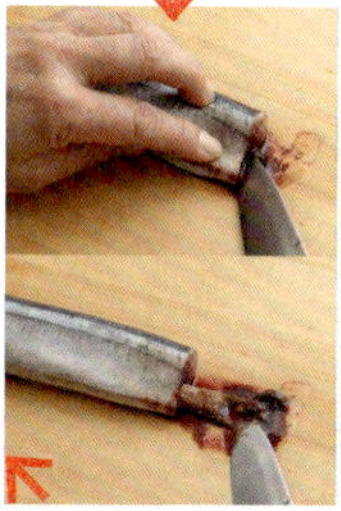

おなかを軽く押して、内臓を少し出す。包丁の先で内臓を押さえ、身を引くと内臓をとり出せる。

菜箸でおなかの中をこするようにして、残った内臓や中骨近くの血合いを洗い流す。水気をふく。

端から切ると、内臓部分が筒状になる。

冷蔵

鮮度が落ちやすいので、買ったらその日のうちに食べる。

冷凍

【2～3週間】

調理してから冷凍する（P.112さば参照）。

さんまのしょうが煮

材料

（4人分／1人分 151kcal、塩分 0.7g）

さんま ……… 2尾（300g）
A
- しょうが（せん切り）＊ ……… 1かけ（10g）
- 水 ……… 150mℓ
- 砂糖 ……… 大さじ 2/3
- 酒・しょうゆ …… 各大さじ1

＊p.82 参照

1. さんまは2cm長さの筒切りにする（上記）。
2. 鍋に A を煮立て、さんまを並べ入れる。再び煮立ったら、スプーンで煮汁をかけ、落としぶたをして中火で5分ほど煮る。

たい

冷蔵

冷凍

【2〜3週間】

・**一尾** 買ってきたら、まず、えらと内臓をとり、洗って冷蔵。その日のうちに調理する。冷凍するなら、おろして切り身にしてから。
・**切り身** さけ・たらと同じ（P.111）。
・**刺身** すぐに冷蔵し、その日のうちに食べる。冷凍は不向き。

旬 まだいは冬〜春。血だいや黄だいは春〜夏

【一尾（尾頭つき）】

【切り身】

【刺身（さく）】

【あら】

魚の頭、骨、尾、ひれなど、身をとった残りを「あら」と呼ぶ。たいのあらからは、おいしいだしが出るので、汁やあら煮にすることが多い。

種　類

「まだい」が一般的。ほかに、「血だい」、「黄だい」、「黒だい」などがある。名にあやかった、「いぼだい」、「きんめだい」、「あまだい」などは、たいの名がついても別種の魚。

あらの扱い

あらは、熱湯にさっと通して水にとる。水の中でうろこや汚れを指でさぐりながら、ていねいにとる。

熱湯につけることで、汚れやうろこが浮き出してとりやすくなる。

尾頭つきの扱い

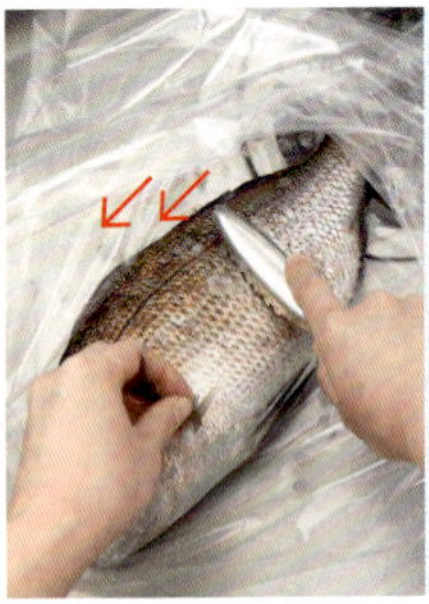

うろこ、えら、内臓を除いて、塩焼きにすることが多い。たいのうろこはかたくて多いので、うろことりを使う。飛び散るのでポリ袋に入れ、尾から頭に向けて、こそげとる。

えらと内臓のとり方は、あじ（p.96、97）と同じ。小さいたいなら塩焼きもP.97と同じようにできる。

刺身（そぎづくり）

たいやひらめ、すずきなどの白身魚の刺身は、そぎ切りにすることが多い（「そぎづくり」という）。皮側を上、身の厚いほうを向こうにして、身の左端から5〜6㎜厚さのそぎ切りにする。包丁をねかせ、刃元から刃先へと手前にひと引きして切り離す。

ぶり

旬 冬

こんな料理に

塩焼き、照り焼き、あら煮など。

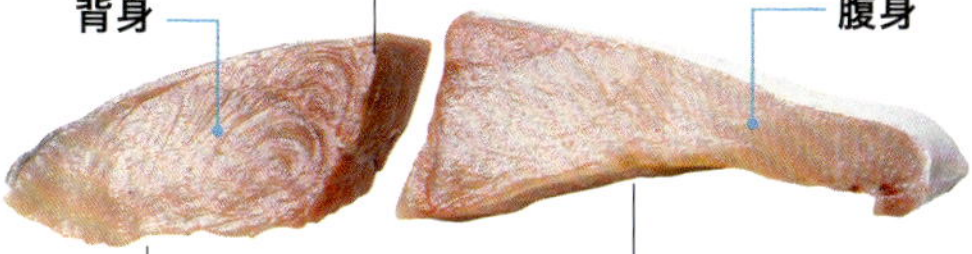

・血合いの赤色が鮮やか
背身
腹身
・切り口がなめらか
・透明感と光沢がある

大きなぶりを、腹身（脂肪が多い）と、背身（脂肪は少なめ）に分けた切り身が多い。好みや料理に合わせて選ぶ。

出世魚

ぶりは、出世魚といい、成長するにつれて名前が変わる。関東では「わかし→いなだ→わらさ→ぶり」、関西では「つばす→はまち→めじろ→ぶり」などと呼ばれる。

冷蔵

鮮度が落ちやすいので、買ってきたらその日のうちに調理する。冷凍は、さけ・たらと同じ（P.111）。

ぶりの照り焼き

照り焼きは、切り身の魚の料理法として、塩焼き同様ポピュラー。ぶり以外にも、いなだ、さわらなどで。

皮を向こうにして盛り、だいこんおろしを右手前に添える。

材料

（2人分／1人分 226kcal、塩分 1.5g）

ぶり …………………… 2切れ（約 160g）
だいこん（すりおろす）……… 100g
＜たれ＞
砂糖 …………………………… 大さじ1
しょうゆ ……………………… 大さじ1
酒 ……………………………… 大さじ1
みりん ………………………… 大さじ 1/2

1 たれの調味料を合わせ、ぶりを 20 ～ 30 分つける。途中で時々返す。

2 グリルを予熱する（予熱不要のものもあり）。ぶりの汁気をきって、盛りつけたときに表になる面を上にしてのせる（たれはとりおく）。強火で約3分焼く。

3 焼いている間に、たれを小鍋に入れ、約半量になるまで強火で煮つめる。

4 魚がほぼ焼けたら、たれを刷毛《はけ》で塗る。グリルに戻してさっと乾かし、これを手早く2～3回くり返して盛りつける。

※片面グリルの場合は、裏側を上にして、3～4分焼き、表に返して同じく3～4分焼く。

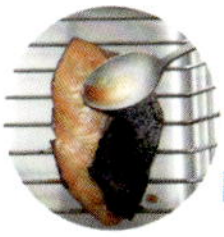

たれはティースプーンでたらして塗っても。

まぐろ

まぐろのような大形魚は、切り身のほか、刺身にしやすい適当な大きさの長方体にして売っている。これを「さく」という。

・色が美しく、つやがある
・切り口がピンとして、くずれていない
・切り口を見たとき、筋ができるだけまっすぐなもの

冷蔵

買ったその日のうちに食べる。市販のまぐろは、ほとんどが冷凍を解凍したものなので、再冷凍は避ける。

平づくり

刺身を切ることを「つくる」という。平づくりは、さくに対して垂直にまっすぐ平らに切る、代表的な刺身の切り方。

左手で軽くまぐろを押さえ、右端から切る。包丁の刃元で手前の角に切りこむ（刃先は少し上がる）。刃を引きながら切り、包丁の先までひと引きして切り終える。

そのまま包丁ごと4～5㎝右にすべらせ、切ったまぐろを並べていく。

刺身の盛りつけ方

3、5、7切れと、奇数に盛る。まず、つまを後ろに飾ってしその葉を敷き、刺身を少しずつずらすように重ねて置く。わさびは右前、ほかはバランスよく盛る。

冷蔵庫で解凍する

かたく凍っているさくを買った場合は、ぬるま湯でさっと洗い、水気をよくふいて、ペーパータオルで包む。ラップをかぶせて、冷蔵庫で解凍する。表面はやわらかく、中心はまだ凍っている状態で包丁を入れるとよい。解凍しすぎるときれいに切れない。

あゆの食べ方

あゆは身離れがよいので、中骨を頭ごと抜きとると食べやすい。

1 箸で身を上から押さえて骨からはずれやすいようにする。背びれ、胸びれを抜く。

2 箸で両脇をはさんでほぐす。

3 尾のつけ根の骨を折り、頭のつけ根の身をはずす。

4 身を押さえながら頭ごと中骨を抜きとる。

一尾魚の食べ方

一尾の焼き魚は、頭から尾に向けて食べ、裏返さないのが作法とされている。切り身魚も、基本は左側から食べる。

1 上側の身を食べたら、頭を手で押さえ（手はあとでナプキンなどでふく）、中骨を箸で持ち上げる。

2 頭のつけ根で中骨を箸で折る。

3 中骨をはずして向こう側に置き、下の身を食べる。

4 食べたあとは、骨を折るなどしてから、左上にきれいにまとめる。

コラム

! 魚介類の寄生虫

鮮度や販売店の管理の良し悪しにかかわらず、魚介類には寄生虫がいることがあります。加熱すれば食べても害のないものがほとんどですが、見つけたらとり除いて調理しましょう。

●アニサキス
さば・さけ・さんま・するめいかに多い。2～3㎝くらいで、白っぽい渦巻き状の幼虫。魚介類の内臓に寄生しており、鮮度が落ちると、内臓から筋肉（身）に移動する。それを、生でまたは加熱が不充分な状態で食べると食中毒が起こる。-20℃以下で24時間以上冷凍するか70℃以上に加熱すると死滅する。

●ぶり糸状虫
天然ぶりの筋肉の血合い部分にいるみみずのような寄生虫。冷凍・加熱で死滅する。食べても影響はない。

干物

・小さめでつやがあり白い
・ムラなく適度に乾燥している
（すべて共通）

冷蔵

ちりめんじゃこは冷蔵で約1週間もつ。しらす干しはいたみやすいので、冷凍がよい。

冷凍

【3～4週間】

薄く平らに広げてラップで包み、保存袋に入れる→使いたい分だけ折って使う。冷蔵庫で解凍。凍ったままでも使える。

種類

釜あげしらす
いわしの3㎝以下の稚魚をゆでたもの

しらす干し
ゆでたしらすを干したもの

ちりめんじゃこ
しらす干しをよく乾燥させたもの

かえりじゃこ
ちりめんじゃこの大きめのもの

煮干し（いりこ）
かえりじゃこより大きいもの

田作り（ごまめ）
いわしの稚魚を、ゆでずに干したもの

熱湯をかける

しらすやちりめんじゃこの生ぐささが気になるときは、さっと熱湯をかける。においがとれ、塩分もやわらぐ。

【丸干し】

いわしや小さいあじを丸ごと乾燥させたもの。

【めざし】

いわしの小魚を塩水につけ、4～5尾ずつ竹串などを目に刺して乾燥させたもの。

・背が黒っぽい藍色
・腹が銀白色で切れていない

焼くときは、串からはずして1尾ずつにする。

【まあじの開き】

・身に光沢があり、全体が平均に乾いている

冷蔵

新しいものなら、冷蔵庫で2～3日もつ。

冷凍

【1か月】

脂焼けしやすいので、アルミホイルでぴったり包み、保存袋に入れて冷凍→ホイルに包んだまま、凍ったままグリルで焼く。
※脂焼けは、食品の脂肪が酸化して起こる現象で、黄褐色、赤褐色などに変色し、不快臭やにが味を感じることもある。

魚卵

【たらこ】

すけとうだらの卵巣。塩漬けが一般的で、冬に生が出回ることもある。からし明太子は、たらこを調味漬けにしたもの。

冷蔵 乾燥しないよう、ラップで包み冷蔵。消費期限をめやすに食べる。

冷凍 【3〜4週間】小分けしてラップで包み、保存袋に入れる→冷蔵庫で自然解凍する。皮をむくときは、凍ったままのほうがむきやすい。

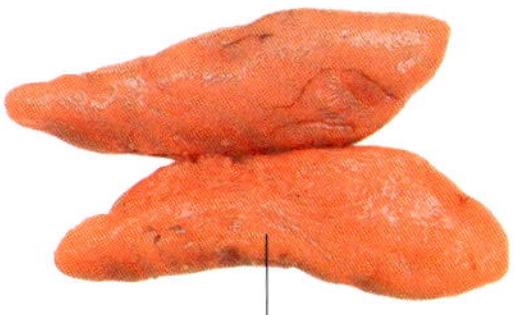

・ずっしりと重量感がある
・べたつかない

「ひと腹」は

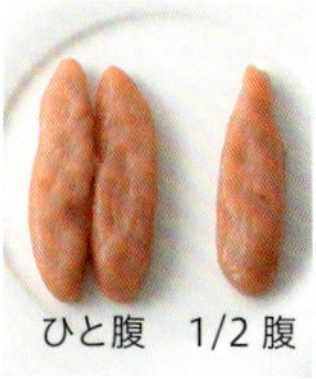

袋2つが一対で「ひと腹」と数える。袋ひとつは、½腹となる。

薄皮から出すには

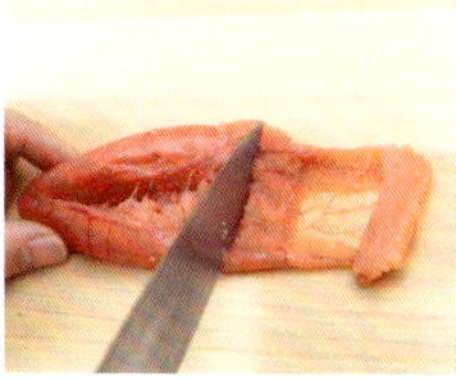

薄皮の中央に切り目を入れ、包丁のミネ（刃がついていないほう）で静かに押し出す。

【イクラ】

さけの卵巣を丸ごと塩漬けにしたものがすじこ（秋には生すじこも出回る）。すじこを一粒ずつにばらしたものをイクラと呼ぶ。

冷蔵 塩やしょうゆで漬けたものは、日もちするが、消費期限をめやすに食べる。

冷凍 【3〜4週間】密閉容器に入れて冷凍→冷蔵庫で解凍する。

・表面につやとはりがある
・色が鮮やかで、卵の粒がハッキリしているもの

【かずのこ】

にしんの卵巣。塩蔵品が「子孫繁栄」の祝肴《いわいざかな》とされ、正月に多く出回る。

冷蔵 塩蔵品なので、日もちするが、塩抜きをしたものは早めに食べる。

冷凍 【1か月】小分けしてラップで包み、保存袋で冷凍→冷蔵庫で解凍する。

・肉厚で黄白色
・卵の粒が鮮明

食べ方

塩抜きしたかずのこをだし汁につけて味を含ませる。

作り方

（かずのこ5本（100g）／全量 94kcal、塩分 2.7g）

1. かずのこは塩抜き*し、薄皮をむき、ひと口大に手でちぎる。
2. ［だし 100㎖、酒・うすくちしょうゆ各大さじ1］を鍋でひと煮立ちさせ、さます。
3. 2にかずのこをつけて、冷蔵庫で半日ほど味をなじませる。

＊塩抜き

塩蔵のかずのこは、塩抜きをしてから使う。塩水（水 500㎖に対し塩小さじ1の割合）につけて、冷蔵庫に5〜6時間おいて塩を抜く。途中、2〜3回塩水をかえる。食べてみてわずかに塩気が残るくらいになったら、表面を指でこすって薄皮を除く。

薄い塩水につけて塩を抜く。真水では塩分濃度の差が大きすぎて、塩が抜けるかわりに食品が水を吸収して水っぽくなることがある。

貝類

【あさり・しじみ・はまぐり】

旬 あさり、はまぐりは晩秋～早春、しじみは冬

冷蔵 買ったら、その日のうちに調理する。

冷凍 【2週間】砂抜きをしてよく洗う。水気をとり保存袋に入れて冷凍→凍ったまま加熱調理。

こんな料理に

あさり 汁もの、炊きこみごはん、酒（ワイン）蒸し、チャウダーなど。

しじみ よいだしが出るので、殻つきのまま汁ものに。

はまぐり 焼きはまぐり、うしお汁、酒蒸しなど。

・口がしっかり閉じている
・さわるとキュッと殻をかたく閉じる
（すべて共通）

あさりの酒蒸し

材料（2人分／1人分 25kcal、塩分 1.3g）

あさり ………… 300g
酒 ………… 大さじ1
万能ねぎ（小口切り）………… 2本

1 あさりは、砂抜きをする。鍋にあさりと酒を入れ、ふたをして強火で2～3分加熱。貝の口が開いたら火を止める。

2 器に盛り、ねぎを散らす。

加熱しても殻が開かない貝は、貝柱の接着面が弱っているか、死んでいた可能性がある。砂抜きがうまくできていないことも多いので、食べるのはやめる。

砂抜き（砂出し）

殻つきの貝は砂を吐かせる。あさり、はまぐりは海水程度の塩水（3％＝水 200㎖に対し塩小さじ1の割合）に、しじみはうすい塩水（1％＝水 200㎖に対し小さじ1/3）につけて、暗いところに2～3時間おく。水の量は、貝の頭が見える程度。

新聞紙や目の細かいざるをかぶせて暗くすると、貝が安心して砂をはく。また、吐いた水が飛び散るのを防げる。

「砂抜きずみ」の貝でも、30分程度は砂抜きをすると安心。

洗う

充分に砂を吐かせたら、真水を入れたボールの中で、殻と殻をこすり合わせるようにして洗う。

はまぐりの殻は傷つきやすいので、強くこすり合わせず、やさしく洗う。

【かき】

冷蔵

いたみやすいので、買ったらその日のうちに調理する。

旬

一般的なかき（まがき）は、11月から4月

※「英語のつづりでRがつかない月（5～8月）には食べるな」ともいわれ、シーズン以外はうま味が落ちる。岩がきは夏でもおいしい。

【貝】

【むき身】

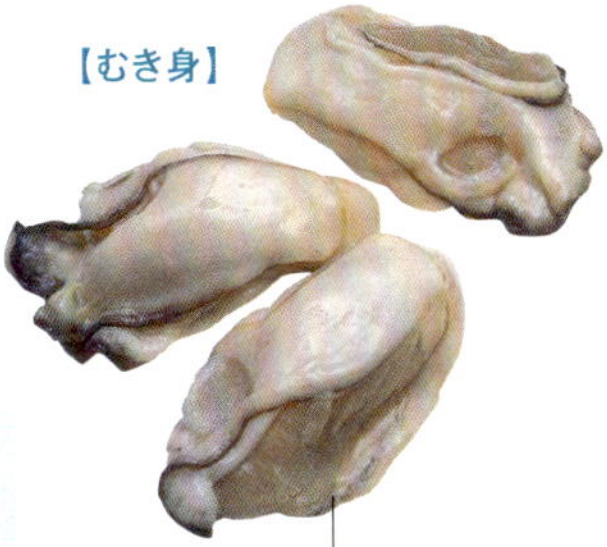

- ふっくらしている
- 粒がそろっている
- 縁の黒いところが波状にちぢれている
- 乳白色で傷がない

むき身

生食用、加熱調理用と表示して売られている。鮮度とは関係なく、生食用のかきには、食品衛生法の基準（生育から保存までの菌の数など）があり、それに基づいている。加熱用には規定がないが、中まで火を通して食べる。

酢がき

材料

（2人分／1人分 34kcal、塩分 0.7g）

かき（生食用）* ………… 100g
A ゆずのしぼり汁＋酢 … 大さじ2
A だし ………… 大さじ1
A しょうゆ ………… 少々
ゆずの皮のせん切り ………… 少々

1 かきは塩水かだいこんおろしで洗い、ざるにとる。

2 Aを合わせてかきをあえ、器に盛ってゆずの皮をのせる。

! * 基準をクリアした生食用のかきでも、絶対に安全とはいえない。幼児・高齢者・体調がすぐれない場合などは、生食を避け、充分に加熱調理して食べるとよい。

むき身は塩水で洗う

殻のかけらなどがついているので、塩水で洗う。塩水（水 200㎖に対し塩小さじ1の割合）の中で、全体を混ぜるようにして洗う。

真水を加え、2～3回水をかえて、手早く洗う。

だいこんおろしで洗う

酢がきなどにして生で食べるときは、塩水の代わりにだいこんおろしで洗い、そのあと水で洗うと、きれいに仕上がる（むき身8個に対して、100gのだいこんおろし）。

【ほたて】

旬 養殖ものがほとんどなので、年中出回る

冷蔵 殻つきは生なので、殻をあけたら、その日のうちに食べる。

冷凍 生食用のほたては、ゆでて水気をふき、ラップで包んで保存袋に入れる→冷蔵庫で解凍。※冷凍ほたては、皿にペーパータオルを敷き、ラップをかけて冷蔵庫で解凍する。

こんな料理に

生食用は、刺身やサラダに。ボイルしたものは、煮ものや炒めものに。

【殻つき】

【ボイルほたて】

【生食用】

・つやがある
・ふっくらしている

殻の開け方

平らな殻の側を下にして持つ。テーブルナイフの先を、殻の間に差しこみ、ぐるりと回しながら、平らな殻から身をはずす。

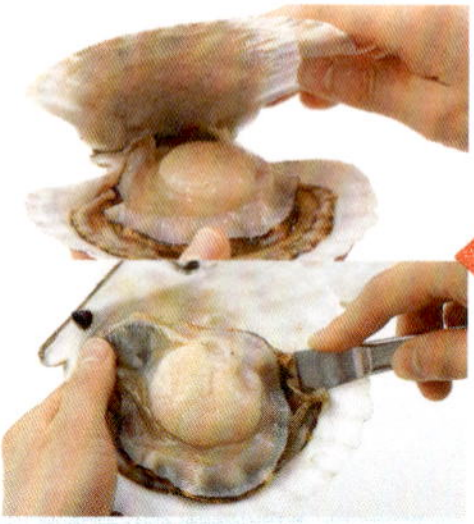

上下を持ちかえて、平らな殻を手ではずす。もう片方の殻から身をはずす。

貝柱・ひも・生殖巣（左・食べられる）と、わた（右）に分け、わたを除く。

! わたには貝毒が蓄積しやすいので、さわったあとは、石けんでよく手を洗う。

【ムール貝】

旬 春から夏

冷蔵 水につけずに、チルド室など低温で保存。2～3日で食べきる。

冷凍 蒸して殻をとり、身だけラップで包み、保存袋に入れる→凍ったまま加熱調理。

・殻に付着した汚れがあってもよい
・口がしっかり閉じている

ムール貝はフランス原産の貝で、日本では、むらさき貝がムール貝として売られている。

こんな料理に

くせのない味で、あさりと同じような料理に使え、ワイン蒸しやパエリアの具などに。

足糸をとる

足糸を出して、岩などにくっついている。上下に動かしながら引っ張って抜きとる。とれないときはキッチンばさみで切りとる。

たわしで洗う

殻つきのまま使うときは、殻についた汚れをたわしで洗う。とれないときは、テーブルナイフでけずりとる。

肉・卵・乳製品

食材の扱い方

牛肉

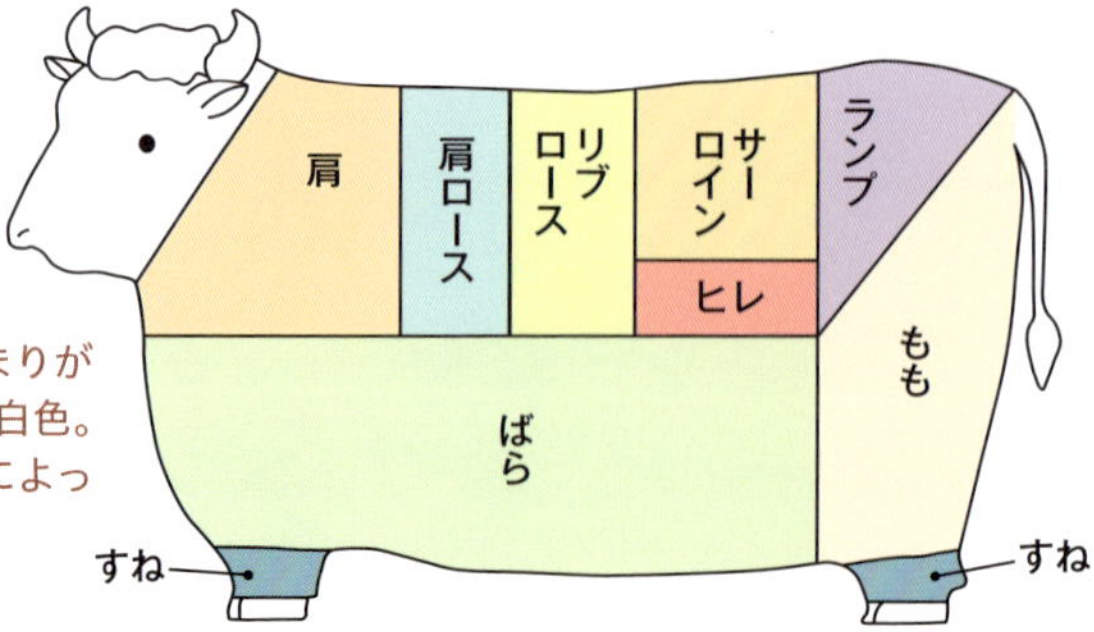

・つややかでしまりがあり、脂肪は乳白色。肉の色は部位によって異なる

肉の呼び名	特　徴	向いている料理
肩 	赤身が多く、ややかたいが、味は濃厚。	カレー、シチュー、スープなどの煮こみ料理に。
肩ロース 	ロースの中では筋っぽく、かたいが、脂肪が適度にあるので風味はよい。	薄切りはすき焼き、しゃぶしゃぶ、炒めものに。角切りはカレー、シチューなど煮こみ料理に。
リブロース・サーロイン 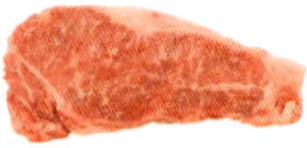	きめが細かく、やわらかくて風味がよい。脂肪が網目状に細かく入る「霜降り」になりやすい部分。	すき焼き、ステーキなどに。
ヒレ 	きめが細かく、脂肪が少ない。	ステーキ、カツレツに。
ばら 	きめが粗くてかたい。脂肪が多く、味は濃厚で風味がある。	かたまりはシチュー、煮こみ料理。薄切りは焼き肉に。
ランプ 	脂肪が少なく、きめが細かい。やわらかい赤身。	ステーキ、ローストビーフ、すき焼き、ソテーに。
もも 	ややきめは粗いが、味のよい赤身肉。脂肪が少なく、コラーゲンも少ないため、かため。	かたまりはローストビーフやカレー、シチューなどの煮こみ料理に。薄切りは、炒めものやバター焼きなどに。
すね 	濃い赤色で筋が多くてかたいが、長く煮こむとやわらかくなる。	シチュー、スープなど長く煮こむ料理に。

冷蔵

なるべく空気にふれないようにラップで包み、密閉容器に入れる。薄切り肉は2日で使いきる。ステーキ用やシチュー用の牛肉は3〜4日。

冷凍

【2〜3週間】（ステーキ用やシチュー用の肉は1か月）

小分けにし、広げてラップで包み、保存袋に入れて冷凍。下味をつけると味が落ちにくい。

↓冷蔵庫で解凍。凍ったまま加熱調理できる。

※かたまり肉は解凍に時間がかかるので、2〜3㎝角に切ってから冷凍しても。

「和牛」と「国産牛」

「和牛」は日本の在来種をもとに、交配をくり返して改良されたもの。黒毛和種が多い。肉のきめが細かく、霜降りになりやすい。
「国産牛」は、ホルスタインなどの外来種や外来種と和牛をかけあわせた牛を日本国内で飼育したもの。

焼き肉用の肉

焼き肉用として売られている肉の部位は、ロースやもも、ばらが多く、やや厚めで食べやすい大きさに切ってある。カルビは、韓国語で「あばら骨の間の肉」で、ばら肉のこと。ほかにタン、ハラミ、サガリ、ミノなどの、ホルモン（内臓肉）がある。

肉の黒ずみについて

肉は空気にふれないと赤く発色しないので、重なっている部分は黒ずんでいる。古いわけではない。

細切りには、焼肉用を使うと切りやすい

チンジャオロースーのように、肉を細く切って調理する場合、肉が薄いと切りにくく、切っても炒めるとボロボロになりがち。焼き肉用の少し厚みのあるもも肉を使うと切りやすく、炒めてもボロボロにならない。

薄切り肉の切り方（豚肉も同じ）

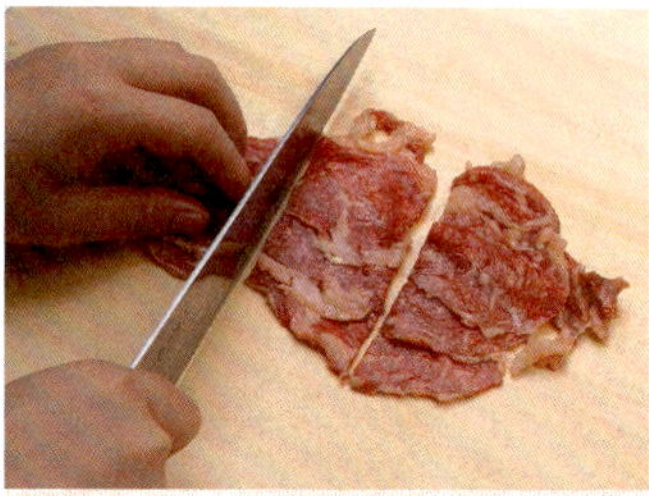

重なっているので、そのまま広げて、仕上がりの長さになるように切る。

ビーフステーキ

肉幅が広いほうが左側、脂身があれば、皿の向こう側になるように盛りつける。

材料

（2人分／
1人分378kcal、塩分1.5g）

牛ステーキ用肉
（1枚100～120g）…… 2枚
塩 …………………… 小さじ1/2
こしょう …………………… 少々
サラダ油 ………… 大さじ1/2
バター …………………………… 10g
クレソン ………………………… 2本

1 肉は、焼く20分ほど前に冷蔵庫から出し、室温にもどしておく。脂肪と赤身がはっきり分かれている場合は、境目の筋を数か所切って、そり返りを防ぐ（p.127）。

2 焼く直前に、肉の両面に塩とこしょうをふる。

3 フライパンに油を温め、肉を表側にする側から焼く。強めの中火で約30秒、表面を焼き固めたら中火にし、30秒～1分焼く。裏返してバターを入れ、同様に30秒～1分焼く。皿に盛り、クレソンを添える。

※火加減、焼き時間のめやすは、フッ素樹脂加工のフライパンを使用した場合。

豚肉

豚肉はしっかり火を通す

レア（生焼け）でも食べられる牛肉と違い、豚肉は寄生虫の心配があるため、しっかり火を通すのが基本。

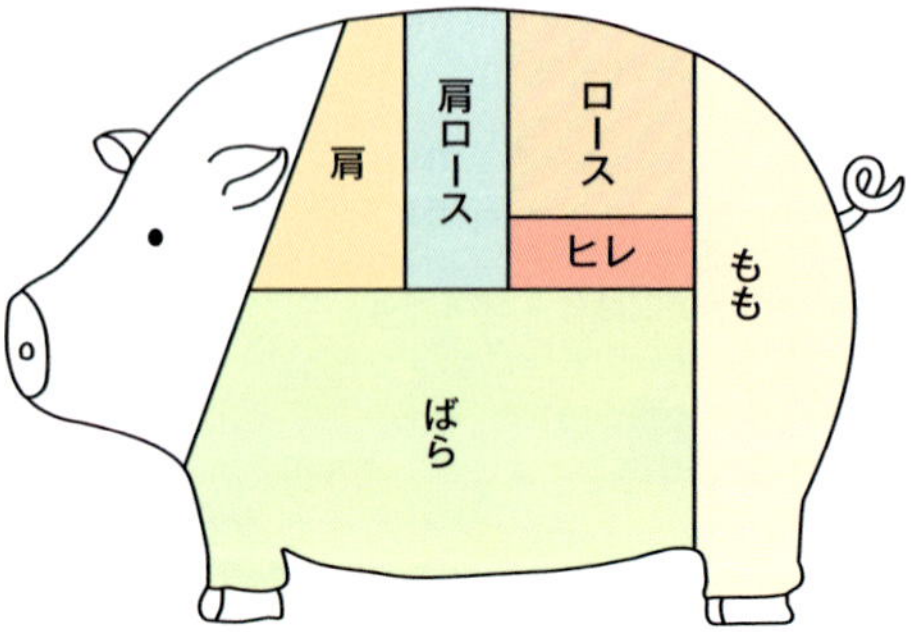

・きめが細かくつややか。肉は淡いやや灰色がかったピンク色、脂肪は白くしまっている

肉の呼び名	特　徴	向いている料理
肩 	きめが粗く、色は濃いめ。コラーゲンが多いため、長く煮こむとやわらかくなる。	薄切りは炒めもの、豚汁に。角切りはカレーなどの煮こみ料理に。
肩ロース 	赤身の中に脂肪が混ざってコクがある。ロースよりはかたいが、使いやすい部位で、さまざまな料理に使える。かたまり肉は煮こむとやわらかくなる。	しょうが焼き、とんカツ、ソテー、すき焼き、焼き豚、煮豚、カレー、シチューなどに。
ロース 	きめが細かく、やわらかでくせがない。外側に白い脂肪がある。※ロース肉は〝脂肪が向こう側、幅の広いほうが左側〟が一般的な表側。	しょうが焼き、とんカツ、ソテー、すき焼き、焼き豚、しゃぶしゃぶなどに。
ヒレ 	もっともきめが細かく、やわらかで、脂肪はほとんどない。淡泊な味。	ロースト、とんカツ、ソテーに。煮こみ料理には不向き。
ばら 	赤身と脂肪が層になっており、三枚肉とも呼ばれる。脂肪が多く、コクがある。	角煮、シチュー、カレー、酢豚、豚汁、しょうが焼き、炒めものなどに。
スペアリブ 	ろっ骨部分で骨の間に肉がついているばら肉。肉の味がよく、骨のうま味が出る。	オーブン焼きや煮こみ料理に。
もも 	きめが細かく、脂肪がほとんどない赤身肉。加熱しすぎると肉がパサつく。	とんカツ、焼き豚、酢豚に。薄切りはしゃぶしゃぶ、炒めものに。

冷蔵

なるべく空気にふれないようにラップで包み、密閉容器に入れる。薄切り肉は2日で使いきる。かたまりの豚肉は2～3日。

冷凍

【2～3週間】

とんカツ用は筋を切っておく。薄切り肉は小分けにし、広げてラップで包み、保存袋に入れて冷凍→冷蔵庫で解凍。凍ったまま加熱調理もできる。
※かたまり肉は解凍に時間がかかるので、2～3㎝角に切ってから冷凍。

たたく

肉たたき、めん棒、あきびんなどで、全体が均一な厚さになるようにたたく。肉の繊維がほぐれて、やわらかく食べることができる。

強くたたきすぎると破れるので、気をつける。ヒレのようなやわらかい肉は、のばす目的以外はたたく必要がない。ロース肉なら脂肪のほうをよくたたいて、赤身よりやや薄くしておくと、火の通りが均一に。

筋を切る

赤身と脂肪との境に白く走っている筋に、包丁の先を直角に入れて、5～6か所切る。厚い肉なら、裏側にも切り目を入れる。

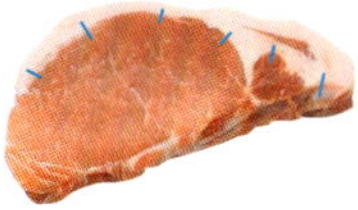

筋切りをすると、焼いたときに肉が縮んでそり返ったり、丸まったりするのを防げる。

肉をやわらかくするには

しょうがやたまねぎ、キウイフルーツにはたんぱく質分解酵素が含まれ、肉や魚をやわらかくする働きがある。しょうが汁やたまねぎ、キウイのすりおろしに30分ほどつけてから、焼いたり煮たりする。また、ワイン、プレーンヨーグルトにつけると、肉がしっとりする。牛肉もとり肉も同じ。

「切り落とし」と「こま切れ」

形の整った「薄切り肉」に対して、どちらも、形や厚みがそろっていない薄切り肉をさす。割安だが、いろいろな部位が混ざっていたり、大きさもまちまち。店によっては、「切り落とし」はひとつの部位のみ、「こま切れ」はいろいろな部位としているところもある。牛肉も同じ。

豚肉のしょうゆ煮

材料

（2～3人分／全量で1024kcal、塩分5.6g）

豚肩ロース肉（かたまり） ……… 400g
しょうが ……… 1かけ（10g）
ねぎの緑の部分 ……… 1本分
水 ……… 400㎖
A 砂糖 ……… 大さじ1/2
A 酒・しょうゆ ……… 各大さじ2・1/2

1. しょうがは薄切りにする。ねぎは手でつぶす（p.70）。
2. 鍋に肉、1、分量の水とAを入れ、強火にかける。アクが出たら除き、落としぶたをしてふたをずらしてのせ、弱火で約45分煮る。竹串を刺して、澄んだ汁が出ればできあがり。
3. 鍋に入れたままさまして味を含ませ、2～3㎜厚さに切る。

とり肉

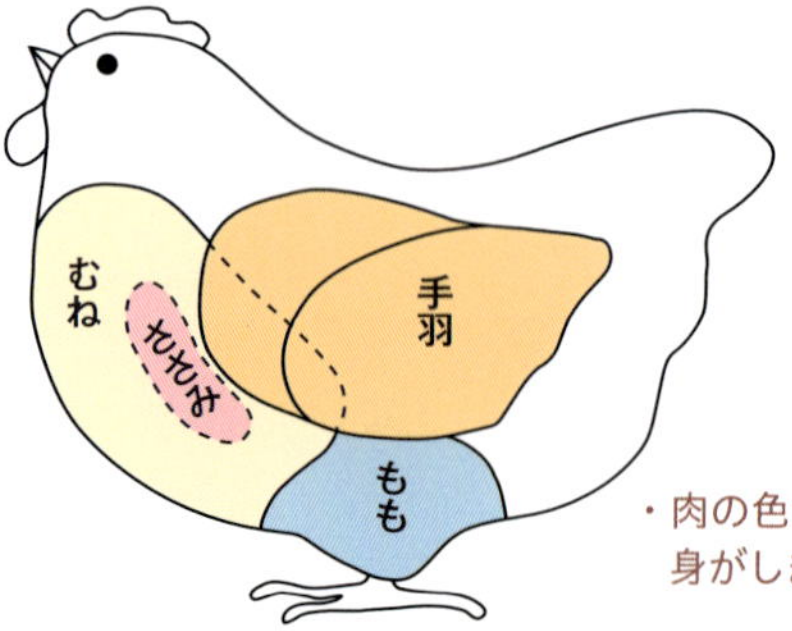

・肉の色が鮮やかで、身がしまっている

肉の呼び名	特　徴	向いている料理
手羽 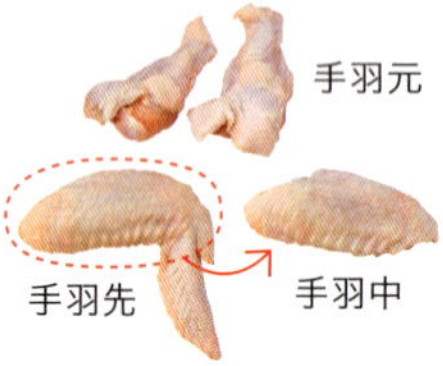	手羽元と手羽先に分けて売られる。手羽先は先端を落として手羽中としても売られる。肉は少ないが、コラーゲンを多く含み、コクのある味わい。	揚げもの、煮もの、焼きものなどに。手羽元は水炊きや鍋ものに。
むね 	白くてやわらかく、脂肪が少ないので淡泊な味。	酒蒸し、サラダ、あえもの、から揚げなどに。
もも 	赤身の肉で、ほどよい脂肪とコクがある。クリスマス時期には骨つきで出回る。	焼きとり、照り焼き、煮もの、から揚げ、鍋もの、親子丼、汁ものなどに。
ささみ 	むねの内側に2本ついている、笹の葉形の肉で、やわらかい。脂肪が少なく、淡泊な味。	あえもの、サラダ、茶碗蒸し、汁ものなどに。
砂肝 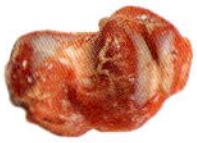	とりの胃の一部。コリコリとした歯ざわりが特徴。	炒めもの、揚げもの、南蛮漬けなどに。

！ よく加熱する

とり肉には、食中毒の原因となるカンピロバクターがつきやすく、わずかな菌数でも発症し、下痢や発熱などの症状が出る。調理をするときは、中心までしっかりと加熱すること。肉をさわった手は必ず石けんで洗い、肉を切ったあとの包丁やまな板などは、必ず洗剤で洗うこと。

冷蔵

とり肉は、牛・豚肉と比べて、とてもいたみやすい。新鮮なものを買い求め、1〜2日のうちに調理する。

冷凍

【2〜3週間】

ひと口大に切るか、切りこみを入れて、塩、酒を軽くふる。小分けしてラップで包み、保存袋に入れて冷凍→冷蔵庫で解凍。凍ったまま加熱調理もできる。

筋を切る（丸ごと使う場合）

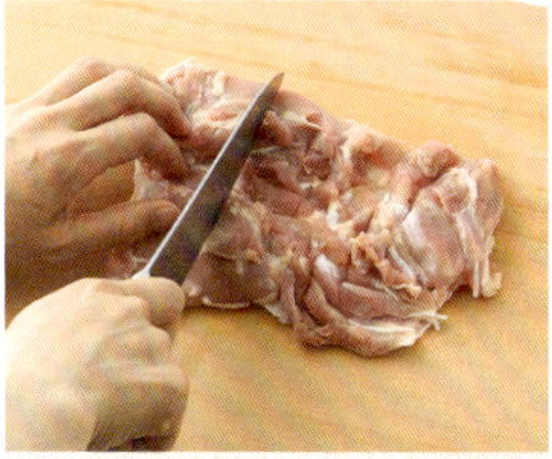

もも肉は、大きな筋があるため、焼き縮みしてそり返りやすい。ソテーなど形のまま加熱するときは、皮を下にして横長に置き、2～3㎝間隔で浅く切り目を入れて筋を切る。

余分な脂肪をとる

とり肉の脂肪は、霜降りにはならず、おもに皮と身の間にある。脂肪の多いもも肉など、気になる場合は少しとる。皮からはみ出ている部分は、皮も一緒に切りとる。

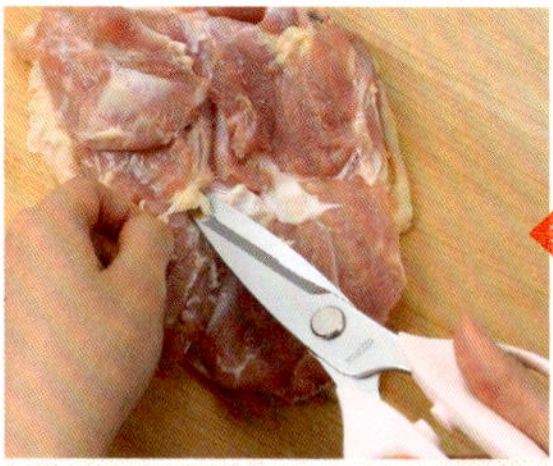

黄色っぽいかたまりが脂肪。包丁で切りにくい場合は、キッチンばさみを使うととりやすい。無理にとろうとすると、皮がはがれたりうま味もなくなるので、ほどほどにする。

皮の扱い

皮つきのとり肉を切る場合、生の肉は皮を下にして切ると皮がはがれにくい。加熱した肉は、皮を上にしたほうがきれいに切れる。

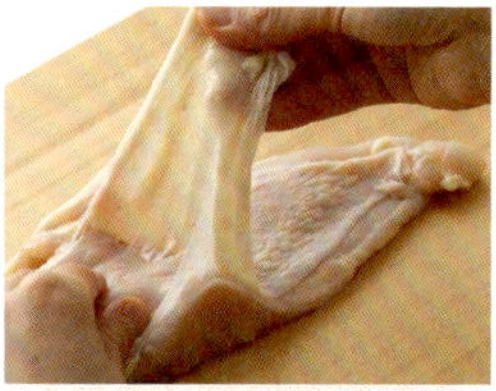

皮を除いて使う場合は、肉を押さえながら、皮を引っ張ってはがす。

丸ごと使う場合は、皮側の味のしみこみや、火の通りをよくするために、竹串やフォークで皮を5～6か所つついて穴をあける。焼き縮みも防げる。

切り方── 観音開き

身を左右に開くことを、観音様の厨子《ずし》の扉にならって「観音開き」と呼ぶ。肉に厚みのあるとり肉でよく使う切り方。

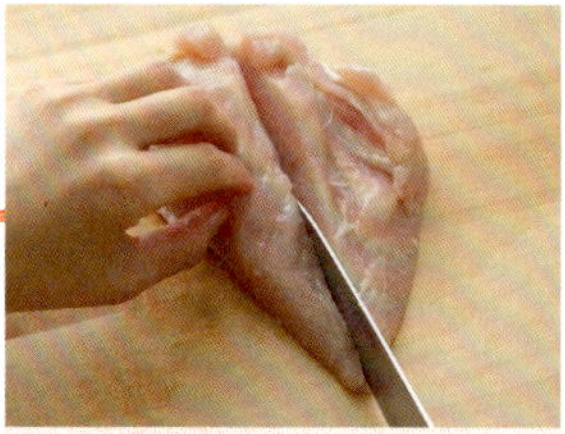

肉の中央に、厚みの半分くらいの深さの切りこみを入れる。

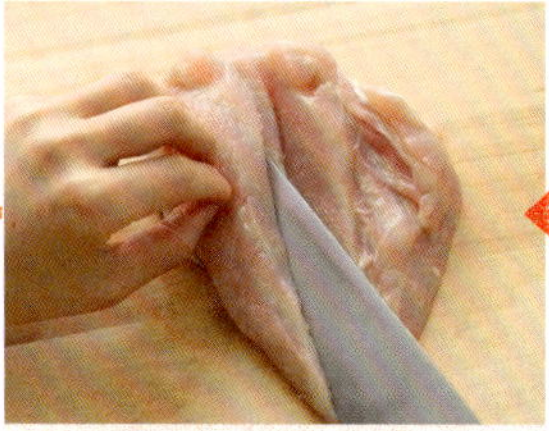

切りこみから、包丁をねかせて横に切りこみを入れる。

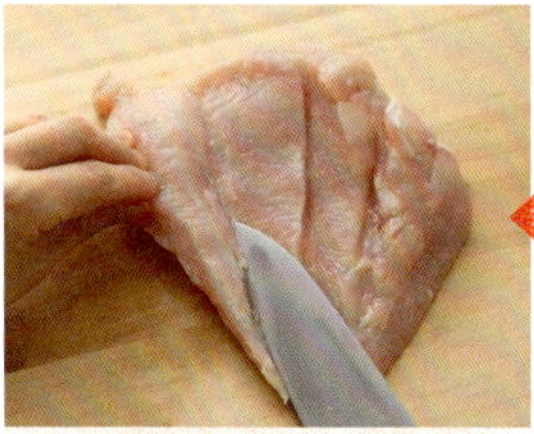

肉を開く。反対側も同様にして、厚みをそろえる。

ささみの筋をとる

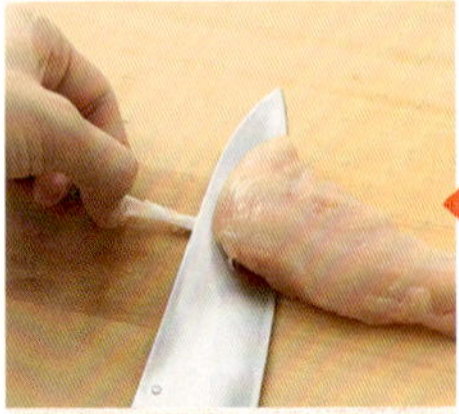

筋のある面を下にして、筋の先を指先でしっかりと持ち、包丁を筋にあてながら、しごくようにしてとり除く。

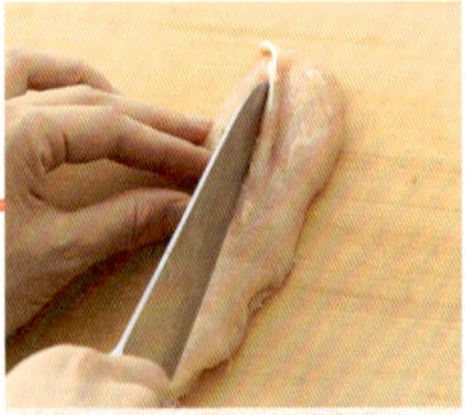

白く見えている筋をとる。筋の両側に、包丁の先で浅くV字に切り目を入れる。

切り方──そぎ切り

包丁をねかせて、刃元から刃先へ包丁を引くように動かして、厚みをそぐように切る。皮つきの場合は、ねかせて身を切ったあと包丁を起こし、皮をしっかり切り離す。

そぎ切りにすると、断面積が広くなるので、火の通りがよく、味もしみこみやすくなる。

骨つき肉の扱い

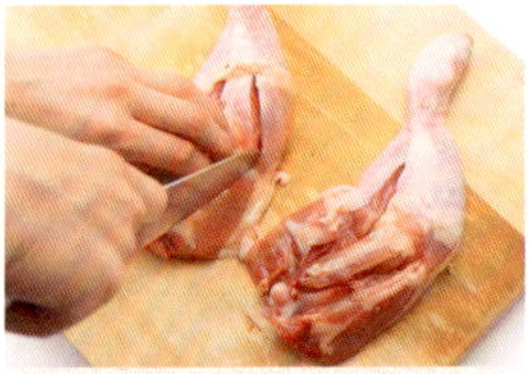

骨つきもも肉は、骨に添って切りこみを入れておくと、火の通りがよくなる。また、肉が離れやすくなるので食べやすい。

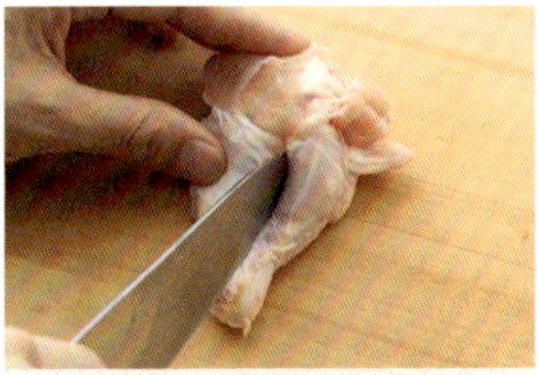

手羽元は、肉と骨の間に切りこみを1本入れておくと、食べやすくなり、火の通りや味のしみこみがよくなる。

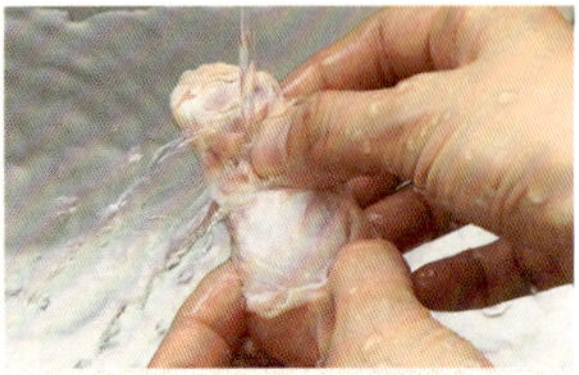

皮や骨に汚れや血がついていることがある。洗って、水気をふいてから調理する。特に骨のつけ根についている血はしっかり洗う。

とりのから揚げ

材料

(2人分／
1人分 340kcal、塩分 1.0g)

とりもも肉 ……… 250g
A
- 塩 ……… 小さじ1/6
- しょうが汁 ……… 小さじ1
- しょうゆ ……… 小さじ1
- 酒 ……… 小さじ1

かたくり粉 ……… 大さじ2
揚げ油 ……… 適量
レモン(くし形切り) … 1/4個

1 とり肉は3㎝角のそぎ切りにする。ボールに入れ、A を加えて手でもみこむ。10分ほどおいて下味をつける。

2 1の汁気をふきとる。かたくり粉をふり入れ、粉をまんべんなくつける。

3 揚げ鍋に油を3㎝深さまで入れ、170℃に熱する(p.180)。

4 とり肉を入れる。肉が浮いてきたら火を弱め、菜箸で1～2回ひっくり返す。

5 肉が色づいて、泡が小さくなったら約10秒強火にする。チリチリと小さな音になったら揚げ終わり(揚げ始めから約5分)。1個とり出し、竹串を刺してみて、スーッと通ればよい。油をきる。

ひき肉

同じ種類の肉をひいたものでも、赤身と脂肪の割合で違いが出る。脂肪は適度にあるとおいしいが、多いと、火を通したときに脂が溶け出てかさが減る。

冷蔵

いたみやすいので、1～2日のうちに調理する。

冷凍

【2～3週間】

小分けにし、ラップで包むか、そのまま保存袋に入れて平らにし、冷凍↓冷蔵庫で解凍。凍ったまま加熱調理もできる。

※下味をつけてから冷凍すると味が落ちにくく、いたみにくい。

・色がきれいなもの、つやのあるもの。ドリップが出ていたり、変色したりしたものは避ける

加熱のコツ

火が通っていないと肉のくさみが残る。肉から出る脂のにごりがとれて透き通るくらいまでよく炒める。

ひき肉は、加熱で肉が固まる前によくほぐす。肉そぼろは、調味液とひき肉をよく混ぜてから火にかけるとよい。

肉の呼び名	特　徴	向いている料理
牛ひき肉 	牛肉のうま味がある。肉質は豚肉に比べると脂肪と水分が少なめで、加熱でかたくなりがち。	ハンバーグ、ミートソースなどの洋風料理に。
豚ひき肉 	赤身のひき肉（左）と脂肪が多めのひき肉（右）が売られている。脂肪が多めのほうが、やわらかくてジューシー。	ぎょうざやしゅうまい、麻婆《マーボー》どうふ、肉だんごなどに。
とりひき肉 	もものひき肉（左）、むねのひき肉（右）などと部位別に売られることも。とり肉の淡泊な味は、和風の料理によく合う。	そぼろやつくねなどの和風料理に。
合いびき肉 	ふつう、牛肉と豚肉を合わせてひいたもの。牛肉のうま味と豚肉の脂肪のジューシーさが、ほどよく混ざっている。	ハンバーグ、ドライカレー、ミートソースなどに。

レバーほか

血がくさみの原因になるので、血をとり除いてから調理する。

冷蔵
いたみやすいので、買った日のうちに調理する。

冷凍
【2～3週間】
生は不可。加熱調理してからなら冷凍できる。

【牛・豚レバー】

血を洗い流す

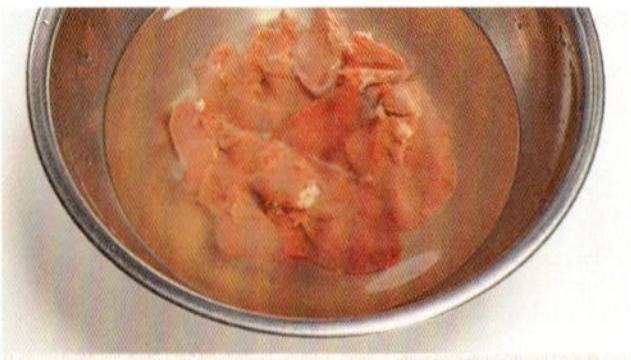

水をはったボールの中で2～3度水をかえながらよく洗い、血のかたまりをとり除く。しっかり洗えば、くさみはかなり除くことができる。

かたまりのままの場合は、水の中でもみ洗いする。

くさみをとるには

洗うことでかなりのくさみはとれるが、さらにくさみをとりたいときは、牛乳に5分ほどつける。

さっとゆでてもくさみがとれる。

【とりレバー】

レバー（肝）とハツ（心臓）がくっついたまま売られていることが多い。切り離して調理する。

切り離す

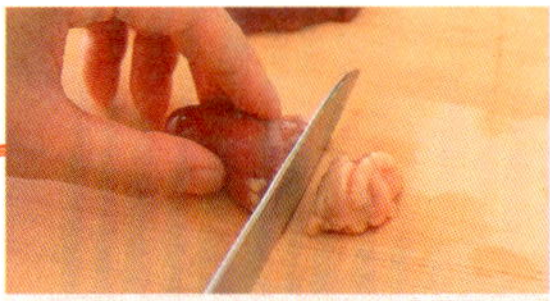

水で全体をさっと洗い、心臓を切り離す。心臓の黄色い脂肪を切り落とす。

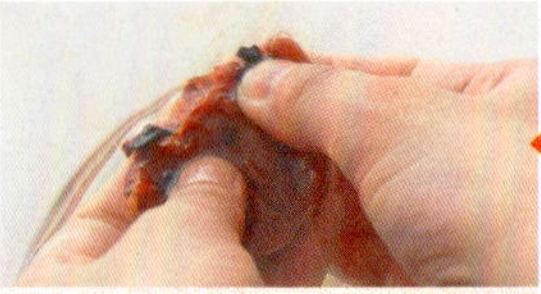

心臓は縦半分に切り目を入れて開く（料理によっては、切り離す）。中にある血を水の中でとり除く。

レバーも脂肪をとり除く。

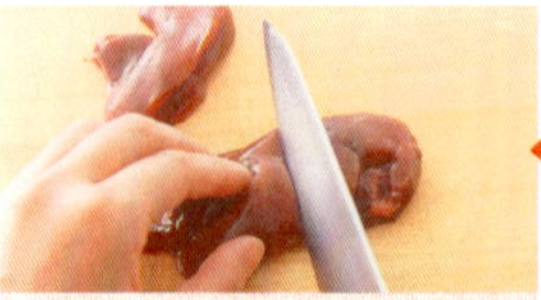

レバーは調理する大きさに切り分ける。血がついていれば水の中でとり除く。

【砂肝】

とりの胃の部分。白い膜は食べられるが、かたいのでとり除く。

膜をとる

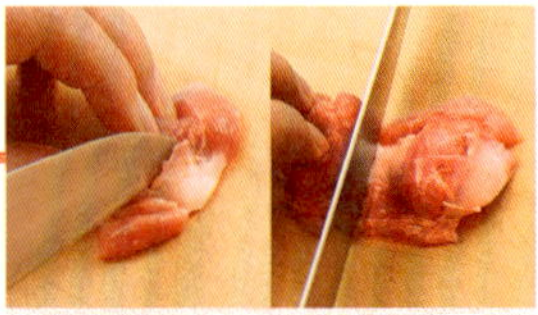

半分に切って2片にする。白い部分の端に包丁で切りこみを入れる。

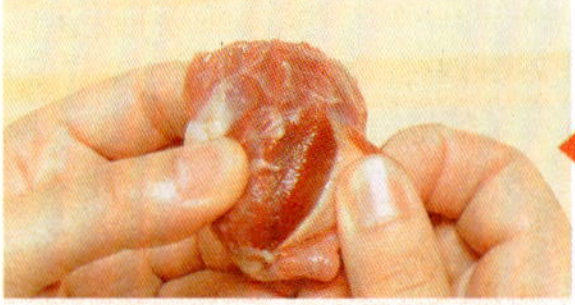

切りこみ部分をつまんでむくようにしてはがす。手ではがしにくい部分は、包丁で切り落とす。

卵

卵は冷蔵品。買う際は、冷蔵して販売している店で、新しいものを求める。

持ち帰るときなどにひびが入ってしまった場合は、生で食べず、加熱調理で早めに食べる。

避けたいもの

◉殻にひびが入っているもの。
※ひびから雑菌が入って増殖している可能性がある。

● 卵の保存

市場に出回っている卵のほとんどは、洗浄や殺菌処理をしたあとで出荷されている。購入時のパックごと保存するのが衛生的。ただし、パック自体が汚れていることがある。パックをきれいにふくか、パックごとポリ袋に入れると安心。買ったものを再び洗うと、殻の表面の目に見えない気孔から雑菌が入りやすくなるので避ける。

● 卵の賞味期限

卵の賞味期限は、「安心して生食できる期限」のこと。過ぎてもしっかり加熱すれば食べられるが、中まで火を通してできるだけ早く食べる。

● 殻の色の違い

卵の殻の色の違いは、親どりやえさの違いによるもの。成分や栄養面に差はない。

殻を割る

卵のふくらんだ中央を、かたく平らなところに軽くあてる。へこんだようにしてひびが入ればよい。

容器の縁などでひびを入れると、殻が卵の中に入ってしまうことがある。

ひびが入ったところを、両手の親指で開き、中身を出す。

血液が混じっていることがあるが、無害で、鮮度とも関係ない。気になるなら、その部分だけ除く。白い塊（カラザ）も気になるなら除く。

卵のとき方

卵焼きやオムレツの場合は、泡立てないように、菜箸の先を容器の底につけて、左右に動かし、卵白を持ち上げて箸で切るようにとく。

! 卵は、割るといたみが早いので、割ったり、といたりしたものを室温に放置しないよう気をつける。

卵 1/2 個をはかる

卵1個を割ってよくときほぐしてから、同じ形のコップ2個に入れて分けると、均等に分けられる。残った卵は冷蔵し、翌日には使う。あるいは冷凍する。

卵黄と卵白に分ける

いったんボールなどに割り入れてから、スプーンで卵黄をすくいとると、卵黄をつぶす心配がない。

大さじ1のとり方

卵液からすくおうとしてもうまくできない。

卵1個を割ってよくときほぐしてから、大さじに卵液をそそぐ。

残った卵の冷凍

といた卵が残ったら、ラップを小さめの器に敷いて、卵液を入れ、包む。テープでとめて器ごと冷凍する。凍ったら容器をはずして、保存袋に入れる→冷蔵庫で解凍し、加熱調理。

※卵白だけなら、ときほぐさずに冷凍。ハンバーグのつなぎや揚げ衣の材料として利用できる（保存期間1か月）。

温泉卵

卵白は固まりかけて、卵黄はやわらかい状態の卵。

卵は 10 分ほど前に冷蔵庫から出し、室温にもどしておく。厚手の鍋に、約 80 ℃の湯 1.2 ℓ を用意する。卵（2〜4 個）を入れ、ふたをして約 15 分おく。冷水にとってから、殻を割る。

厚手の鍋に湯 1 ℓ を沸騰させ、200 mℓの水を入れると、80℃くらいになる。

目玉焼き

1 卵1個を器に割り入れる。フライパンにサラダ油小さじ1を温める。弱めの中火にして、卵を静かに流し入れる。

卵白に泡ができないように焼くなら、余分な油をふきとってから焼く。

2 卵白が固まり、卵黄が好みの程度に固まるまで焼く。

白い膜をかぶせるには

卵を流し入れたあと、ふたをして弱火で焼くと、卵黄に白い膜がかかった目玉焼きができる。ふたをして約2分をめやすに、好みのかたさまで焼く。

ゆで卵

かたゆで卵
沸騰してから
約12分

半熟卵
沸騰してから
5～7分

ゆでた卵は、生のままより日もちしない。冷蔵して2日以内に食べる。

1 鍋に卵と、卵がかぶるくらいの水を入れて強火にかけ、沸騰したら火を弱め（沸騰が続く程度に）、半熟なら5～7分、かたゆでなら約12分ゆでる。

卵は火にかける10分くらい前に冷蔵庫から出して、室温におく。急ぐときはぬるま湯につける。冷たいままでゆでると、殻にひびが入って、中身が出てしまうことがある。

2 すぐに水にとり、2、3回水をかえてさまし、水の中で、殻をむく。

ゆですぎると、卵黄のまわりが緑色になる。ゆでてすぐ水に入れるのは、余熱で火が通りすぎて、緑色になるのを防ぐ意味がある。また、殻もむきやすくなる。

黄身を真ん中にしたいとき

沸騰するまでの間、卵を箸でころがす。鍋にぶつけて殻にひびが入らないように、静かにころがす。

ひびが入ったときのために

水500㎖に対して、小さじ1程度の塩か、酢大さじ1強を入れておくと、ひびから卵白が流れ出るのを防げる。

ポーチドエッグ

日本語では落とし卵とも言う。卵の中身をじかにゆで、殻なしの半熟卵のように仕上げる。トーストや野菜などにのせる。

1 卵1個は、小さい容器に割り入れておく。鍋に7～8㎝深さの湯を沸かす。湯が静かに波立つ状態に火を弱め、酢（湯500㎖に対して大さじ1の割合）を加える。箸を回してうずの水流を作り、中心に卵をそっと入れる。

湯が少なすぎたり、卵が古かったりすると、卵白が散ってしまって、うまくできない。

2 菜箸で卵白を卵黄にかぶせるようにして、形よくまとめる。

3 2～3分して、卵白が固まってきたら網じゃくしですくい、裏返して水にとる。ペーパータオルにとって、水気をきり、器に盛る。

オムレツ

材料（1人分 227kcal、塩分 1.1g）

卵……………………………………2個
A 牛乳……………………………大さじ1
A 塩・こしょう………………各少々
バター……………………………10g
※口径約20㎝のフライパンを使用

1 ボールに卵をときほぐし、Aを加えて混ぜる。箸をボールの底にあてて、左右に動かして卵をとく。

オムレツをふんわり仕上げるために泡立てず、卵を切りすぎないよう、軽くとく。

2 フライパンにバターを入れ、中火で温めて全体に広げる。バターが溶けたらすぐに火を少し強め、一気に卵液を流し入れる。

3 箸で大きく混ぜる。箸は底につけて、大きな円を描くように卵全体を混ぜる。

オムレツや卵焼きは、強めの火で一気に仕上げると、やわらかくふわふわになる。

4 半熟になったら火を弱め、フライパンの手元を上げて、卵を手前から向こう側へ折りこむ。

5 フライパンのふちを利用して、向こう側の卵を折りこむ。

6 フライパンの柄を下から持ち、もう片方の手で皿を持ってフライパンにあてる。フライパンと一緒に卵を返して、皿に移す。

7 ペーパータオルなどで、形を整える。

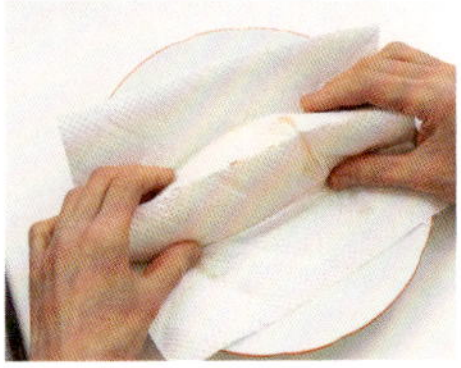

だし巻き卵

材料（2人分／1人分 137kcal、塩分 0.6g）

- 卵 …… 3個
- だし …… 大さじ3
- A
  - 砂糖 …… 小さじ2
  - みりん …… 小さじ1
  - しょうゆ …… 少々
  - 塩 …… 少々
- サラダ油 …… 小さじ1/3

※10×15㎝のフッ素樹脂加工の卵焼き器使用

1 だしにAの調味料を入れ、よく溶かす。ボールに卵を割り入れ、泡立てないように、箸をボールの底にあててほぐす。だし汁を卵に加えて混ぜる。

2 混ぜた卵液をこし器でこす。卵白が均一に混ざって焼きあがりがきれいになる。

3 卵焼き器に油を中火で温め、ペーパータオルで全体にのばしてなじませる。

卵液を少々落とし、小さくジュッと音がして白く色が変わったら、適温。

4 卵液の1/4量（おたま1杯）を流し入れ、全体に広げる。表面が半熟状になったら、向こう側から手前に3㎝くらいずつ折りたたんで巻く。

5 あいたところに**3**のペーパータオルで薄く油を塗る。卵を向こう側にすべらせ、手前にも同様に油を塗る。

6 卵液をおたま1杯分流しこみ、巻いた卵を菜箸で持ち上げ、底面全体に卵液を行きわたらせる。

7 半熟状になったら、巻いた卵を芯にして、卵焼き器を少し手前に傾けながら手前に巻いていく。**5**～**7**をくり返す。

8 熱いうちに巻きすで巻いて形を整え、そのまま4～5分おいてさまし、形をしっかりさせる。食べやすい大きさに切る。

銅製の卵焼き器（15㎝角）で作るには

作り方**3**で、油ならしをする。卵焼き器にサラダ油大さじ3を入れ、弱めの中火で温める。全体に油をなじませ、余分な油をボールなどにあける。この油は、卵を焼くときに使う。ペーパータオルなどで、卵焼き器の四隅まで充分に油をなじませる。

錦糸卵《きんし》
（薄焼き卵の細切り）

材料 94kcal、塩分 0.7g

卵 …… 1個
A 砂糖 …… 小さじ1
A 塩 …… 少々
サラダ油 …… 少々
※口径 20 ～ 24㎝のフライパン使用

1 卵はよくときほぐし、A を加えて混ぜ、こす。半量ずつに分ける（p.134）。

2 フライパンを弱火にかけて油を広げ（p.137）、1 の半量分を流し入れる。表面が乾いてきたら、卵の下に菜箸を差し入れ、箸を回しながらフライパンの端まで差しこみ、卵を持ち上げて、裏返す。

3 裏側はさっと乾かす程度に焼き、盆ざるに広げてさます（薄焼き卵）。もう1枚、同じように作る。

4 長さを3等分に切って重ね、細く切る。

【うずら卵】

・斑点がはっきりしていて、全体につやがある
・鶏卵と同様に、回転の速い店を選んで買う

こんな使い方も

うずら卵はだいたい鶏卵1/5 個分。鶏卵1個では多すぎるときや、たりないときの補いにも使える。

ゆで卵の殻のむき方

水からゆでて、沸騰後3～4分で火を止め、水に入れて冷やす。

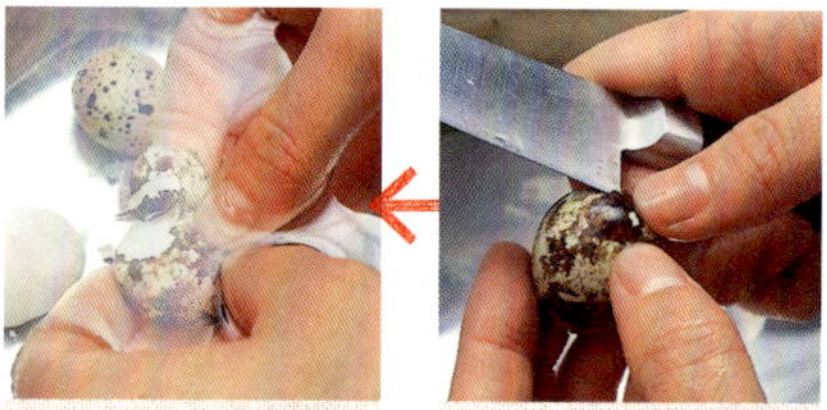

包丁の刃元で切り目を入れるか、たたいて殻を割る。

水の中で殻をむく。

中身を出すには

包丁の刃元やキッチンばさみで少し切りとる。

逆さにして、中身を出す。

乳製品

【牛乳】

ふつうの「牛乳」は、生乳を加熱殺菌したもので成分は無調整。「成分調整牛乳」は、生乳から水分や脂肪分、ミネラルなどの一部を除いたもの。

【生クリーム】

「生クリーム」は乳脂肪だけのもので、乳脂肪45％・36％などの商品がある。植物性脂肪が加わるなどしたものは「○○ホイップ」「○○フレッシュ」などの名で売られている。乳脂肪分が高いほど濃厚な味。

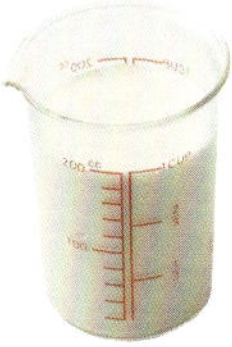

【チーズ】

ナチュラルチーズは原料、熟成、菌などの異なる多くの種類がある。プロセスチーズはナチュラルチーズを加工し、発酵を止めて保存性を高めたもの。

冷凍

【2か月】

ハードタイプなら冷凍可能。小分けしてラップで包み、保存袋で冷凍→凍ったまま加熱調理。

【バター】

有塩のものと、食塩を加えていない「食塩不使用」がある。

冷凍

【2～3か月】

銀紙に包み、保存袋で冷凍→冷蔵庫で解凍。

ヨーグルトをまぶす効用

肉や魚の下ごしらえで牛乳やプレーンヨーグルトをまぶしておくと、それらのたんぱく質や脂肪分の粒子が、においの成分を吸着し、くさみをとる効果がある。

牛乳の膜

牛乳を加熱すると、表面の水分が蒸発してたんぱく質が固まり、膜となる。混ぜながら火にかけるか、沸騰前に火を止めると膜はできにくい。

生クリームの泡立て

生クリームの泡立ての適温は5℃前後。生クリームは充分冷やしておき、ボールの底を氷水にあてて泡立てると、きめの細かいふんわりした泡が立つ。

溶かしバター

直火ではこげやすい。バターを入れた器を湯につけて（湯せん）溶かす。バターは約30℃で溶けるが、高めの温度にして使う場合も。とり出すときはやけどに注意。

バターのとり出し

バターは使う分だけとり出して、残りは銀紙に包んで冷蔵庫にしまう。バターは酸化しやすく、また溶けて分離すると、再び冷やし固めても同じ状態には戻らず、味が落ちるため。

チキンマカロニグラタン

材 料（2人分／1人分 542kcal、塩分 1.8g）

マカロニ ………… 50g
とりもも肉 ………… 100g
たまねぎ ………… 1/2個（100g）
マッシュルーム ………… 3個（40g）
バター ………… 10g
ホワイトソース ………… 分量右記（約 240g）
ピザ用チーズ ………… 40g

1 マカロニは商品の表示に従い、湯に塩（材料外）を加えてゆでる。

2 たまねぎとマッシュルームは薄切りにする。とり肉は2㎝角に切る。

3 フライパンにバター 10g を溶かし、強めの中火で、たまねぎ、とり肉を順に加えて炒める。肉に火が通ったら、マッシュルームを加えて軽く炒め、塩・こしょう各少々（材料外）をふる。ボールにあける。マカロニを加える。

4 ホワイトソースを作る（右記参照）。オーブンを 210℃に予熱する（ガスオーブンなら 200℃）。

5 具のボールに、ホワイトソースの 2/3 量を加えて混ぜる。耐熱容器2つに分けて入れ、残りのホワイトソースをかける。チーズを散らす。

6 210℃のオーブンで、約 15 分焼く。

ホワイトソース

グラタン、クリームコロッケ、シチューなどに使えるホワイトソース。めざす濃度によって分量は異なるが、作り方の基本は同じ。なめらかに作るコツは、バターをこがさない、粉はよく炒める、冷たい牛乳を加えるの3つ。

材 料

（グラタン用2人分／1人分 229kcal、塩分 0.9g）

バター ………… 30g
小麦粉 ………… 大さじ2
牛乳（冷たいもの） ………… 300㎖
塩 ………… 小さじ 1/6
こしょう ………… 少々

1 一気に作るので材料は計量しておく。鍋やフライパンにバターを入れて弱火にかける（鍋は底が平らで、厚手のものがベター）。

2 ほぼ溶けてきたら、小麦粉を加え、木べらでこがさないようによく炒める（粉とバターがよくなじむと、牛乳を加えたときにダマになりにくく、粉くささも飛ぶ）。

大きな泡が小さくなって、なめらかな状態になるのがめやす。

3 いったん火を止め、牛乳の半量を加えてすぐ混ぜ、なめらかになったら残りも混ぜる。

4 再び中火にかけ、鍋肌にこげつかないように混ぜながら加熱する。沸騰したら火を弱め、とろみがつくまで2分ほど煮る。塩、こしょうで調味する。

そのほかの食品

食材の扱い方

めん類

めん料理のおいしさは、めんのゆで方とゆで加減にあります。めんはゆでたて、作りたてがいちばんおいしいので、食べる時間から逆算した、ゆで始めのタイミングがポイントです。

【ショートパスタ】

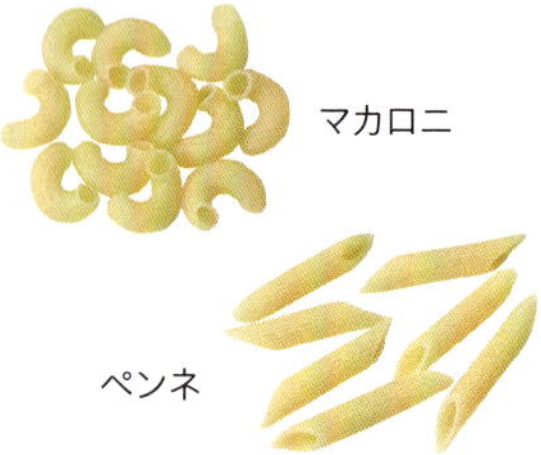
マカロニ
ペンネ

【ロングパスタ】

フェットチーネ、
タリアテッレ
スパゲティ

パスタの形状は細長いめん状のものから短くて太いもの、幅広のものまで種類はさまざま。ちなみにスパゲティは細長いひも状のパスタのこと。各パスタのゆで時間は袋の表示に従う。

パスタ（スパゲティ）をゆでる

大鍋にたっぷりの湯を沸かし、塩を入れる（湯1ℓに対して塩大さじ½の割合。写真は2ℓの例）。

スパゲティはまとめて中央に入れて離し、放射状に広げる。

すぐに、はみ出ている部分を箸で湯の中に沈める。スパゲティ同士がくっつかないように箸でまぜる。湯が再沸騰してきたら火を弱め、湯の中でスパゲティがゆれ動くくらいの火加減にする。時々まぜながらゆでる。

袋の表示のゆで時間より少し手前で、1本とって爪で切ってみる。中心に細く白い芯がある程度で、ざるにあげる（ソースにゆで湯を使う場合は湯を残す）。

ゆで方のポイント

【湯に塩を加えてゆでる】

- パスタは湯に塩を加えてゆでる。パスタに塩味がつき、ソースとなじみやすくなる。また、表面がひきしまり、コシが出る。湯量はパスタの重さの約10倍がめやす。
- ゆで具合は、断面に白い芯が残るくらい少しかためての状態（アルデンテ）に。ゆであがりを熱いソースとあえるなどして、食べるときには、適度に歯ごたえがあってしかも芯は残らない状態になる。パスタのゆであがりに合わせ、ソースもタイミングよく作っておく。

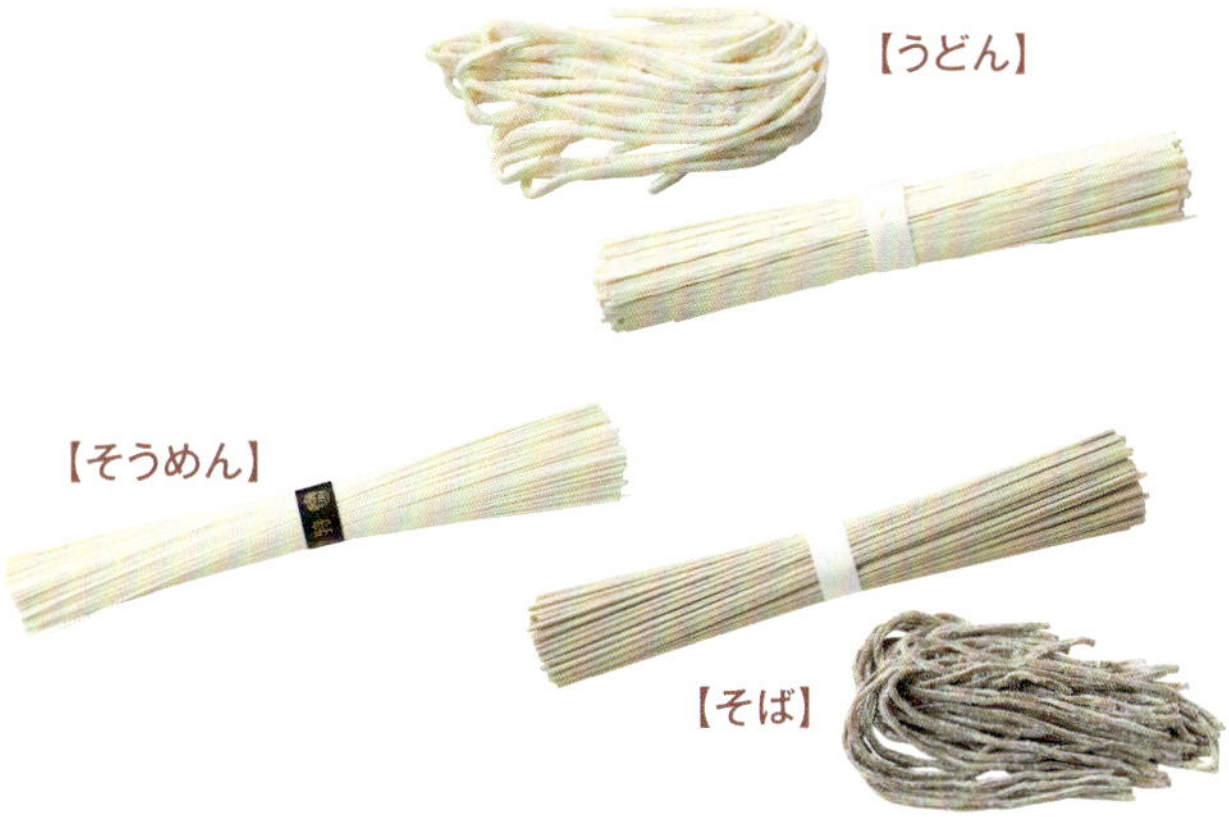

ゆでめんを温めるとき…

そばやうどんのゆでめんは、熱湯で温めてから食べる。沸かした湯にめんを入れたら、すぐにほぐさず、少し待つのがポイント。めんが温まるとほぐれやすくなる。

そうめんをゆでる［そば・うどん（ともに乾・生）も同じ］

大きな鍋にたっぷりの湯を沸かす。湯が沸騰してきたら、めんを広げるようにしてパラリと入れる。湯からはみ出している部分があれば、すぐ湯に沈める。

めん同士や鍋底にくっつかないように箸でさっとまぜる。箸先を鍋底につけてまぜると、めんがちぎれない。

再沸騰したら、ふきこぼれない程度に火を弱める（めんが上下に動くくらい。差し水は不要）。表示のゆで時間より少し手前で1本水にとって食べ、かたさをみる（温めて食べる場合は少しかために）。

ざるにあけ、すぐ水にとる。水を流しながら、めんを洗ってぬめりをとる（そうめんはもみ洗いする）。めんがふやけてしまわないように手早く洗い、盛りつける。

※温めて食べる場合は、流水で洗ったあと、熱湯にさっと通して温める。

ゆで方のポイント

【ゆであがりを水で洗う】

- 湯量はめんの重さの約10倍。ふきこぼれやすいので、余裕をもって大きな鍋でゆでる。
- ゆであがったら、流水でぬめりをとり、のどごしよく仕上げる。
- ゆであがりをすぐに食べられるよう、つゆや薬味の準備を先にしておく。

粉類

【小麦粉】

小麦から表皮や胚芽を除いた胚乳部分。たんぱく質の多い小麦からは「強力粉」、少ない小麦から「薄力粉」ができる。

※強力粉はパンや中華めん、薄力粉は料理一般やお菓子に使う。うどんには、たんぱく質量が中間くらいの「中力粉」を使う。

【かたくり粉】

じゃがいものでんぷんから作られている。かつてはカタクリという草の根のでんぷんから作られていた。

冷暗所または冷蔵

【1か月】

粉は湿気やにおいを吸着しやすいので、袋の口をしっかり閉じ、密閉容器や保存袋に入れて、冷暗所か冷蔵庫で保存。

小麦粉を混ぜる

天ぷら衣やお菓子作りでは、さっくりと軽く仕上げるために、小麦粉は、なるべく練らないように混ぜる。練るとグルテンのねばりが出て、かたくなるため(写真は天ぷら衣。粉はざっと混ぜる)。

小麦粉をふるう

お菓子作りなど小麦粉をたくさん使う場合は、使う前にふるってかたまりをとる。また、空気を含ませることで、ほかの材料と均一に混ざりやすくなる。

粉を薄くまぶす

魚などに粉をまぶすときは、粉を茶こしに入れてふるうと薄く均一にまぶせる。形がくずれないものなら、ポリ袋に粉と一緒に入れてふってまぶしても。粉が湿らないうちに加熱する。

水溶きかたくり粉でとろみをつける

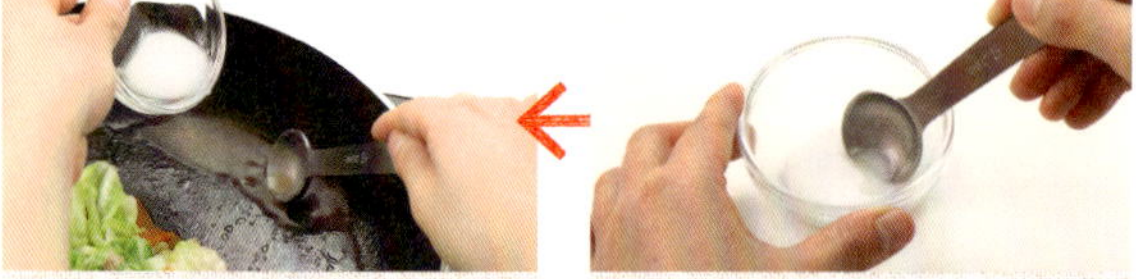

水溶きかたくり粉は、汁気に加えてすぐ混ぜる。汁が少ない場合は、いったん火を止めて、汁を寄せ集めたところに加えてすぐ混ぜると、ダマになりにくい。汁が多い場合は、混ぜながら再沸騰させる。

水溶きかたくり粉は仕上げにタイミングよく使うため、事前に合わせておく。ただ、粉が沈みやすいので、加える寸前に混ぜ直す。かたくり粉は約2倍の水で溶かし、料理によって水の量を加減する。

から揚げに使う粉

かたくり粉か小麦粉(おもに薄力粉)かはお好みで。できたてはともにカリッとするが、かたくり粉のほうがやや軽い食感。カリッとした食感は、小麦粉のほうがやや長もちする。

海《かい》藻《そう》

【わかめ】
塩蔵品、乾燥品（カットわかめ）が多い。

【もずく】
生、酢漬け、塩蔵が売られている。塩蔵は商品によって塩分が異なるので、表示に従ってもどす。

【めかぶ】
わかめの根元部分の葉が折り重なった部分。生、調味漬けがある。

【切りこんぶ（生）】
生のこんぶ、またはもどしたこんぶを湯通しした細切り。魚店などで売っている。

【きざみこんぶ】
乾燥させたこんぶを糸状に切ったもの。松前漬けなどに使う。

【おぼろこんぶ】
甘酢にひたした乾燥こんぶの表面をけずったもの。けずって残る芯の部分は押しずしなどに使う「白《しろ》板昆布《いたこんぶ》」。

【とろろこんぶ】
「とろろこんぶ」は、甘酢にひたした乾燥こんぶを重ね、厚みでできた側面をけずったもの。

増え具合をみる

海藻の塩蔵品や乾燥品は、もどすとかさが増え、増え方は商品によってまちまち。もどしすぎないように、使い始めはようすをみる。

塩気の具合をみる

海藻の塩蔵品は、塩気の具合がいろいろ。もどしたら少し食べてみて、塩味を必ず確認する。

わかめのもどし方

塩蔵のわかめは、まず水で塩を洗い落とし、水に5分ほどつけてもどす（塩分が多ければ長めにつけるが、もどしすぎると歯ごたえがなくなる）。

酢のものなどにそのまま使う場合は、熱湯にさっと通し、水にとって水気をしぼる。湯に通すと緑色になる。

つながっている部分を切り離してから、食べやすい長さに切る。わかめは、ゆですぎたり、酢とあえて時間をおくと色が悪くなる。

乾物《かんぶつ》

乾物はいずれも湿気を嫌う。びんや缶、保存袋などに乾燥剤を入れて密閉し、湿り気のない冷暗所に保存する。冷蔵や冷凍をしてもよいが、とり出すときに湿気《しけ》りやすいので手早く。保存がきくとはいえ、長くおけば風味が落ちるので、少量ずつ買いたい。

【かんぴょう】

ウリ科の果実を、ひも状にむいて乾燥させたもの。

【干ししいたけ】

生育状況で形などが変わる。かさがまだ開いていない段階の肉厚のものは「どんこ」、開いた段階のものは「香信《こうしん》」という。

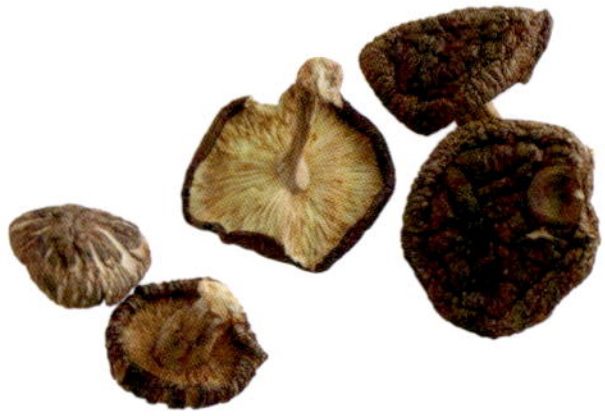

長く保存するなら
干ししいたけは、湿気を含むとかさの裏が褐色になり香りが損なわれる。かんぴょうはかびや虫がついたり、変色しやすい。長期保存するなら、冷蔵や冷凍が安心。

【ひじき】

海藻のひじきの芽と茎部分の商品がある。

【のり】

焼きのりや、味つけのりがある。

冷凍 【4～5か月】
密閉袋ごと保存袋に入れて冷凍。湿気りやすいので、使う分だけとり出して、すぐしまう。

ひじきのもどし方…水につけてもどす

たっぷりの水に入れて、まぜるように洗う。ごみなどを除いてざるにあける。

再び、たっぷりの水につけおいてもどす。芽ひじきは10～15分、長ひじきは20～30分がめやす（ざるごと水につけると、ざるの目につまってしまうので注意）。

もどすとかさも重量も増える。ばらつきが大きく、芽ひじきは8～11倍、長ひじきは6～8倍の重量になる。長ひじきは食べやすい大きさに切ってから、調理する。

のりをあぶる

のりは風味が落ちないうちに食べたいが、少し湿気ってしまったときは、のり2枚を中表に合わせ、直火に網をのせた上で、のりの両面をさっとあぶるとパリッとする。

のりの使い方

のりには表と裏がある。つやのある面が表、乾かしたときのすだれ跡がはっきりしている面が裏。おにぎりやのり巻きで、のりを巻くときは、表を外側にする。

のりは、10枚=「1帖《じょう》」という単位で表す。のり1枚全形の一般的サイズは、21×19㎝。細巻きなら、長い辺を半分に切って使う。

かんぴょうのもどし方…塩でもみ、ゆでてもどす

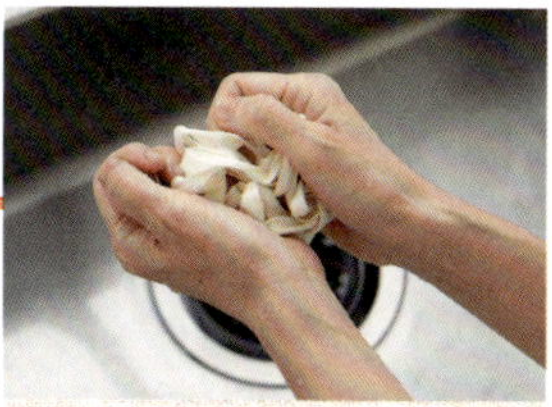

しみこみをよくするために、まず塩でもんでやわらかくする。かんぴょうを水でしめらせてから、かんぴょう約10gに対して塩小さじ1/3をふり、よくもむ。水で洗い流す。

鍋に入れ、かぶるくらいの水を加えて火にかける。ふたをして5～10分ゆでる。

1本とり出し、爪を立ててみてかたさをみる。すしの具など、このあと煮るなら、どうにかちぎれるくらいでゆであがりに。もどしたかんぴょうは5～7倍の重さに増える。

干ししいたけのもどし方…水につけてもどす

水でさっと洗い、干ししいたけの頭が見えるくらいの水につけてもどす。かさのひだ側を下にしてつけ、皿などで重しをする。もどし汁はだしとして使える。

もどし時間は個体差があるが、1時間ほどおくと、ふっくらと中までもどる。急ぐ場合はぬるま湯につけてもよいが、うま味も多く溶け出すので、もどし汁も一緒に使うとよい。

※事前に水につけて冷蔵庫に入れておいてもよい。ひと晩以上おいて使い、4～5日で使いきる。

乾《かん》物《ぶつ》

【切り干しだいこん】

だいこんを切って乾燥させたもの。

【高野どうふ】

とうふを凍らせて脱水し、乾燥させたもの。

【ごま】

焙煎《ばいせん》した「いりごま」、いりごまをすった「すりごま」、ペースト状になるまですった「練りごま」がある。

いりごま（黒）

いりごま（白）

すりごま（白）

練りごま（白）

【麩《ふ》（焼き麩）】

小麦粉を水でこねて生成したグルテンを練り、焼いたもの。

開封後は
切り干しだいこんは、時間がたつと茶色くなってにおいがきつくなりやすいため、開封後は冷蔵か冷凍がよい（凍ったまま水につけてもどす）。高野豆腐は脂質を含むために酸化しやすいので、開封後は早めに使いきる。

切り干しだいこんのもどし方…水につけてもどす

たっぷりの水に入れて、まぜるように洗う。ごみなどを除いてざるにとる。

切り干しの頭が見えるくらいの水につけ、10 ～ 15 分おいてもどす。もどし汁はだしとして使える。

手でしぼって水気をきる。もどすとかさも重量も増え、4～5倍になる。

焼き麩のもどし方

もどし方は高野どうふと同様。小町麩など小さな麩は2～3分、車麩など大きい麩なら20～30分おく。

高野どうふのもどし方…水につけてもどす

たっぷりめの湯に、5～10分つけてもどす。皿などで重しをするとよい（もどし時間は表示に従う。もどし不要の商品もある）。

手ではさむようにして、そっと水気をしぼる。

ごまの香りを高める

温める
いりごまは短時間温めると香りがよくなる。油をひかずに小鍋に入れて、弱めの火で温める。

切りごま
温めたごまを切ると、香りがより高まる。「切りごま」という。まな板にふきんを敷き、その上でみじん切りの要領で切ると、とび散りにくく集めやすい。

ひねりごま
「切りごま」と同様の目的だが、もっと少量で簡易に行う方法。包丁で切るかわりに、指でひねってつぶし、香りを高める。汁ものの吸い口や料理の天盛りに。

ごまをする

ごまを温めたら、熱いうちに、すり鉢とすりこぎを使ってする。用途や好みによってすり加減を調節する。

すりこぎの頭を片手で軽く押さえ、頭を支点とし、下のほうをもう一方の手でにぎって回し、する。

粗《あら》ずり
ざっとすった状態。薬味や吸い口に。

半ずり
全体を均一にすりつぶした状態。ごまあえに。

本ずり
油がにじみ出るくらいまで充分につぶれた状態。ごまどうふに。

乾《かん》物《ぶつ》

【ささげ】

赤飯に使われる(あずきは胴割れしやすく切腹に通じると嫌われたことから)。

【あずき】

大粒の大納言、小粒の小豆《しょうず》がある。

【いろいろな豆】

きんとき豆

白いんげん豆

むらさきはな豆

冷凍保存も
いずれの豆も、ゆでたものは冷凍ができる。小分けしてラップで包み、保存袋に入れて冷凍。保存のめやすは約1か月。

【大豆】

一般的なのは黄大豆という品種。煮豆、サラダなどに。大豆は枝豆の仲間の完熟豆。

黄大豆

黒豆
大豆の品種のひとつ。

黒豆

材料

(作りやすい分量 / 全量で 707kcal、塩分 2.1g)

黒豆 ……………………… 150g

＜煮汁＞

水 ……………………… 800㎖

砂糖 ……………………… 90g

しょうゆ …… 大さじ1

重そう(料理用) …………… 小さじ 1/4

塩 …………… 小さじ 1/3

1. ステンレスかホーローの鍋に煮汁の材料を入れる。豆を洗い、煮汁に入れ、涼しい場所にひと晩おく。
2. 1の鍋を火にかける。煮立ったらアクをとり、ごく弱火にする(水面が静かに沸いている)。クッキングシートで落としぶたをし、ふたをずらしてのせる。

3. 5〜6時間煮る。煮汁が減ったら水をたして、豆が常に汁にひたっている状態で煮る(しわが寄らない)。
4. やわらかく煮えたら火を止め、汁につけたままさまして、味を含ませる。

大豆のゆで方
ひと晩水につけてからゆでる

水で洗う。大豆の約4倍量の水につけて、充分に水を吸わせる。春〜秋は6〜10時間、冬は半日くらい。1粒切ってみて、断面の中心にすき間がなくなっていればよい。

つけ汁ごと強めの中火にかけ、沸騰したらアクをとる。弱火でゆでる。ふきこぼれやすいため、ふたはしない（またはずらす）。傷なく煮たい場合は、クッキングシートで軽い落としぶたをして、豆が躍るのをおさえる。

豆にしわが寄らないように、豆が汁にひたっている状態を維持する。ゆで汁が減ってきたら必ず水をたす。

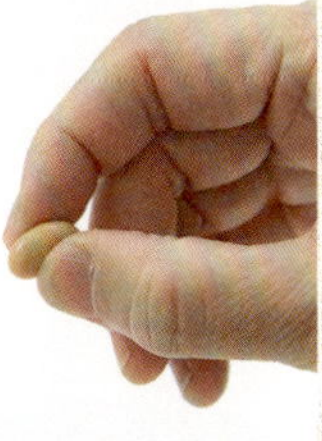

1時間〜1時間半ゆでる（豆の種類や状態によってゆで時間は異なる）。1、2粒とって、煮豆用なら、指でやっとつぶせるくらいになれば、ゆであがり（このあと味をつけて煮る）。

あずきのゆで方
すぐゆで始め、しぶきりする

あずきを水で洗い、鍋に入れる。たっぷりの水を加え、火にかける（乾燥豆は一般的に、水などにつけおいてからゆで始めるが、あずきはつけおき不要）。

沸騰後2〜3分ゆでて、ざるにあけて湯を捨てる。こうしてゆでこぼすことで、アクやしぶ味がとれる（「しぶきり」という）。

ゆでるための水と一緒に鍋に入れて火にかける。水量は、汁粉ならあずきの約7倍量、赤飯用は約10倍、あん用はたっぷり加える。

煮立ったら弱火にし、ふたをずらしてのせ、20分〜1時間、目的のかたさにゆでる。ゆで汁が減ってきたら、水をたす。

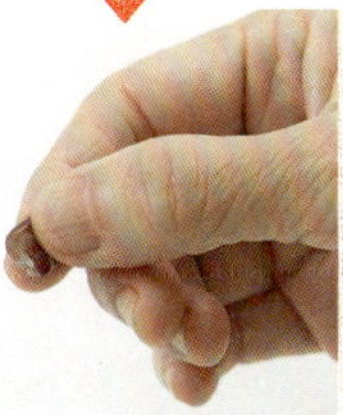

1、2粒とって指でつぶしてかたさをみる。赤飯ならややかため、汁粉やあんはらくにつぶせるくらいにゆでる。

※汁粉やあんの場合は、ゆでたあとに、砂糖を2、3回に分けて加えながら、弱火で煮る。

とうふ類

手軽に食べられ、栄養もあるとうふ類。ちょっとしたコツでよりおいしく調理できます。同じ売り場に置かれていることの多いこんにゃくも合わせて、扱い方を確認しましょう。

【とうふ】

冷凍

【1か月】

とうふは冷凍できるが、高野どうふのような食感になる。水きりしてひと口大に切り、ラップで包み、保存袋に入れて冷凍。みそ汁などに。

もめんどうふ
豆乳に凝固剤を加えて固め、1度くずして型箱に詰め、圧力をかけて水分をしぼり、固めたもの。

絹ごしどうふ
濃い豆乳に凝固剤を加えて、そのまま固めたもの。

寄せどうふ
もめんどうふの工程中、型箱に入れる前の「寄せた状態」を器に盛ったもの。

充填（絹ごし）どうふ
冷却した豆乳に凝固剤を加え、容器に充填（密閉）して加熱凝固させたもの。

【豆乳】

すりつぶした大豆を加熱してとる乳状の飲料（無調整）。豆乳液に甘味料や油脂などを加えたものは調製豆乳。

【おから】

すりつぶした大豆から豆乳をしぼった残り。

冷凍

【2週間】

小分けし、平らにしてラップで包み、保存袋に入れて冷凍。

【厚揚げ】

もめんどうふを水きりして、高温で揚げたもの。油揚げを薄揚げというのに対して厚揚げという。または生揚げともいう。

【がんもどき】

もめんどうふをくずして水きりし、つなぎと具を加えて成形して揚げたもの。

とうふの水きり方法いろいろ

麻婆《マーボー》どうふ、しらあえ、
いりどうふ、とうふステーキに
加熱調理に使い、手早く水きりしたい場合。
A 熱湯に入れて、ひと煮立ちしたらざるにとる。
B ペーパータオルに包み、1/2丁(150g)あたり約1分(500W)、レンジ加熱する。

炒めもの、煮もの、
田楽や揚げだしに
軽く水きりするには、皿などにのせて斜めにし、5～10分おく。しっかり水きりするには、平らに置いて、重し(皿など)をのせる。とうふをペーパータオルで包んでおき、水分を吸わせる。

いりどうふなど、形がくずれてもよい場合は、ふきんで水気をしぼる(しらあえのように冷製で食べる場合でも、時間をおくならさっとゆでるなど加熱しておく)。

豆乳は加熱しすぎない

豆乳は煮立たせたり、加熱しすぎたりすると、たんぱく質が変化してモロモロになる。食べる直前に加えたり、弱火で温めるとよい。

冷や奴のとうふ

冷や奴で食べる場合、薬味は事前に準備する。とうふは水分が出てくるので、直前に盛りつける。

とうふは加熱しすぎない

とうふは加熱しすぎると、かたくなってスが立つことも。汁の具や湯どうふにする場合、とうふを入れたら汁が沸騰する前に火を止め、加熱しすぎない。

残ったとうふの保存

残ったとうふは、かぶるくらいの水につけ、ふたかラップをして冷蔵保存する。水は毎日入れかえ1～2日で使いきる。

とうふ類

【油揚げ】

もめんどうふを薄く切って揚げたもの。呼び名や種類が多様で、薄揚げ、すし揚げなど。また、いなりずし用などに中を開けやすいタイプ、中身が詰まって開けないタイプ(手揚げ風)がある。

冷凍

【1か月】

油揚げは油抜きをして、ペーパータオルで水気をとる。すぐ使える形に切り、小分けしてラップで包み、保存袋に入れて冷凍。

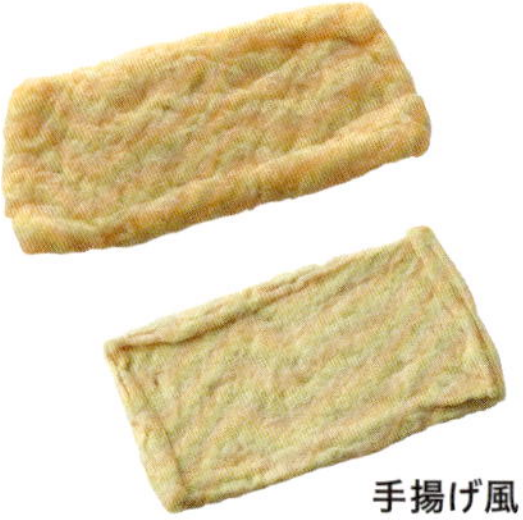

手揚げ風

油揚げを袋に開く

中に身が詰まっていないタイプの油揚げを使う。油揚げの上に、菜箸をのせ、手のひらで箸をころがすと、開きやすくなる。

半分に切り、切り口から慎重に開いて袋状にする。いなりずしや、具を詰めて煮る袋煮などに。

揚げ製品の油抜き

揚げた製品は、使う前にさっと熱湯をかけると、余分な油や油くささがとれて味のしみこみがよくなる。量が多い場合は鍋でゆでる。

いなりずし

材料

(12個分 / 1個分 133kcal、塩分 0.8g)

油揚げ(袋に開けるもの) …… 6枚

A
- だし …… 200㎖
- 砂糖 …… 大さじ3
- みりん …… 大さじ2・1/2
- しょうゆ …… 大さじ2・1/2

温かいごはん …… 500g(米1・1/2合分)

B
- 砂糖 …… 大さじ1・1/2
- 酢 …… 大さじ2・1/2
- 塩 …… 小さじ1/2

1 油揚げは、まず袋状に開く(上記参照)。

2 〈油抜き〉 鍋に湯を沸かし、1を重ね入れ、落としぶたをして、約3分ゆでる(しっかり油が抜け、味を含みやすくなる)。ざるにあけて広げ、水気をきる。

3 鍋にAを合わせ、2を1枚ずつ入れる。落としぶたをして中火にかけ、汁気がほとんどなくなるまで約10分煮る。

※煮汁につけたまま少し時間をおくと、味がよくしみこむ。

4 ざるに広げてとり、汁気を自然に落とす。

5 Bは合わせる(すし酢)。温かいごはんにBを混ぜ、すしめしにする(p.164)。

6 すしめしを等分に分けて軽くにぎり、ひとつずつ4に詰める。油揚げの口を少し外側に折り返しておくと、詰めやすい。

【こんにゃく】

こんにゃくいもに石灰を加えて煮、練り固めたもの。形状から板こんにゃくともいう。
※いもの乾燥粉から作ると白く、生いもから作ると皮が入り黒くなる。白いものに海藻を加えて黒くした製品もある。

【しらたき・糸こんにゃく】

こんにゃく生地を細くしぼって作ったもの。

冷凍
【1か月】
こんにゃくは冷凍すると、ざらざらした食感になるので、なるべく薄く切って、煮ものなどに使う。ラップに広げて包み、保存袋に入れて冷凍。

こんにゃくの味のしみこみをよくする

中まで味がしみこみにくいので、表面に細かく切り目を入れてから切るとよい。口あたりもソフトになる。

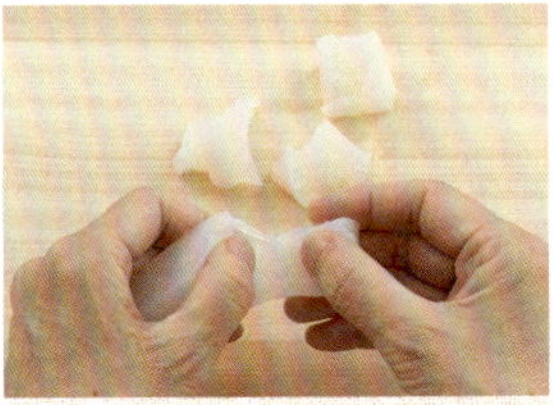

こんにゃくを包丁で切るかわりに、手でひと口大にちぎる。ちぎって使うと、断面積が広がって、煮ものなどには、味がよくしみる。

アクを抜く

こんにゃく製品は、1度さっとゆでるとアクやくさみが抜ける。こんにゃくを切ってから沸騰した湯に入れ、再沸騰したらざるにとる。なお、アク抜きずみの製品もある。

手綱《たづな》こんにゃくの作り方

こんにゃくを7～8㎜厚さに切る。包丁の刃先で、中央に1.5㎝長さほどの切り目を入れる。切り目が大きいと、ねじっても元にもどりやすい。

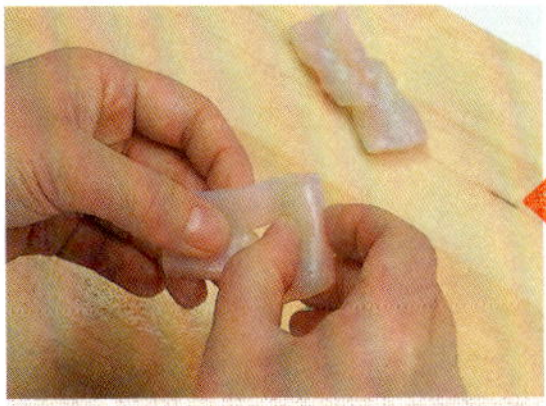

こんにゃくの片側を、切り目に押しこんで、くるりと返す（おせちの煮ものによく使う。馬をひく手綱になぞらえた形で、武家社会の名残という）。

こんにゃくの保存

袋入りのものは開封せずに、水（アルカリ水）につかった状態で保存すると長もちする。残ったものは、水につけて冷蔵保存。2～3日中に使いきる。

合わせ調味料

家庭料理でよく使う合わせ調味料の一覧です。味をみて、素材や好みで調整してから使ってください。

※2人分の料理に使う分量です。

めんつゆ・合わせじょうゆ類

●刺身やとうふに

【土佐じょうゆ*】
しょうゆ……大さじ1
酒……大さじ1/2
みりん……大さじ1/2
水……大さじ3
けずりかつお……2g

◆鍋に合わせ、弱火でひと煮立ちさせて、こす（レンジ加熱でも）。

*かつおぶしを特徴的に使ったものに、かつおで有名な土佐の名がつく。

●冷そば、うどん、そうめんに

【つけつゆ】
しょうゆ……大さじ2
みりん……大さじ1・1/2
水……150ml
けずりかつお……3～5g

◆鍋に合わせ、弱火で3～4分煮て、こす。

●温そば、うどんに

【かけつゆ】
＜関東風＞
しょうゆ……大さじ2
みりん……大さじ2
だし……600ml
＜関西風＞
うすくちしょうゆ…大さじ1
みりん……大さじ1
塩……小さじ1/3
だし……600ml

◆鍋に合わせてひと煮立ちさせる。

●天ぷらに

【天つゆ】
しょうゆ……大さじ1
みりん……大さじ1
だし……100ml

◆鍋に合わせてひと煮立ちさせる。

ドレッシング

●洋風サラダに

【フレンチドレッシング】
酢*……大さじ2
塩……小さじ1/4
こしょう……少々
サラダ油*……大さじ1

◆ボールに順に入れ、泡立器で混ぜる。

*酢はワインビネガー、油はオリーブ油にしても。
※マスタードや、ドライハーブを加えても。

●中華サラダに

【中華ドレッシング】
砂糖……大さじ1/2
酢……大さじ1・1/2
しょうゆ……大さじ1/2～1
ごま油……大さじ1/2

◆ボールに順に入れ、泡立器で混ぜる。

※ねぎ、しょうが、にんにくのみじん切りや、すりごまを加えても。

●和風サラダに

【和風ドレッシング】
酢……大さじ1・1/2
しょうゆ…小さじ1/2
塩……小さじ1/4
サラダ油…大さじ1/2

◆ボールに順に入れ、泡立器で混ぜる。

※しょうがやねぎのみじん切り、すりごま、ゆずなどを加えても。

合わせみそ

● あえもの、ぬたに

【からし酢みそ】
砂糖 …… 大さじ 1/2
酢 …… 大さじ 1/2
みそ …… 大さじ 1
練りがらし
…… 小さじ 1/4 ～ 1/2
◆合わせて練り混ぜる。

● ふろふき、田楽に

【練りみそ】
砂糖 …… 大さじ 1
みりん …… 大さじ 2
みそ …… 大さじ 3
だし …… 大さじ 2
◆鍋に合わせて弱火にかけ、練り混ぜる。

合わせ酢

● 南蛮漬けに

【南蛮酢 *】
砂糖 …… 大さじ 1
酢 …… 大さじ 1
酒 …… 大さじ 1
しょうゆ …… 大さじ 1・1/2
赤とうがらし（小口切り）
…… 1/2 本
水 …… 100㎖
◆水と調味料を鍋でひと煮立ちさせ、とうがらしを加えてさます。

* 三杯酢の味に、とうがらしやねぎを加える。「南蛮」は南蛮（異国）渡来の料理や味つけにつく名。

● 鍋もの、あえものに

【ぽん酢しょうゆ *】
しょうゆ …… 大さじ 1
かんきつ類の果汁 **
…… 大さじ 1/2 ～ 1
みりん …… 大さじ 1
◆材料をすべて合わせる。
** レモン、かぼす、ゆずなど

* 果汁の香りよい酸味と、しょうゆを合わせた二杯酢。オランダ語のポンス（かんきつ果汁）が由来。

● 酢のもの一般に

【三杯酢】
酢 …… 大さじ 1
しょうゆ * …… 小さじ 1
みりん …… 小さじ 1
だし …… 大さじ 1
◆合わせる。
* あえもの類は材料に塩味がついている場合が多いので、三杯酢、二杯酢ともに塩分（しょうゆや塩）は控えめな配合にしている。

● 魚介の酢のものに

【二杯酢】
酢 …… 大さじ 1
しょうゆ …… 小さじ 1
（または 塩小さじ 1/6）
だし …… 大さじ 1
◆合わせる。
※二杯酢は、酸味＋塩味の２つの味。三杯酢は、酸味＋塩味＋甘味の３つの味。甘味のない二杯酢は魚介によく合う。だしは味全体をやわらげる。

● すしめしに

【すし酢 *】
酢 …… 50㎖
砂糖 …… 大さじ 2
塩 …… 小さじ 2/3
◆合わせる。
* 米２合分のごはん（約600g）に合わせる分量（p.164）。

● 野菜の甘酢漬けに

【甘酢】
砂糖 …… 大さじ 1
みりん …… 大さじ 1
塩 …… 小さじ 1/8
酢 …… 大さじ 2・1/2
◆合わせる。

香辛料（スパイス）

香辛料の働きは大きく3つあり、「香りづけ」「色づけ」「辛味づけ」。効果的に用いましょう。保管は、気密性の高い容器に入れ、冷暗所か冷蔵庫で。

使う分量

ナツメグ
黒こしょう

スパイスは好みもあるので、初めて使うスパイスは、レシピを元に、やや控えめに使う。

※香辛料の下の料理はイメージです（以下同）。

使うタイミング

ガラムマサラ
白こしょう

スパイスの香りは、使うタイミングで効果が変わる。一般的には、下ごしらえで使うと肉や魚のくさみをカバー、調理中に使うとマイルドな香りがつき、仕上げに使うと香りが際立つ。

湿気に注意

WHITE PEPPER

加熱中の鍋に加えるときは、スパイスを小皿や手にとってから加える。鍋の上で、びんからじかにふると湿《し》気《け》りやすい。

素材との相性

シナモン
バジル
クローブ
オレガノ

ピザ（トマトやチーズ）には、オレガノ、バジル。りんごにシナモン、クローブ。キャベツにキャラウェイ。じゃがいもにローズマリー、うなぎにさんしょうなどが好相性。

ナツメグ
タイム
黒こしょう
白こしょう

スパイスと食材には相性がある。肉には、黒こしょう、ガーリック、ナツメグ、クローブ、セージ。魚介には白こしょう、ローリエ、タイム、パセリなどが合う。なお、黒こしょうは未熟な実を乾燥させたもの、白こしょうは完熟を乾燥後に外皮をむいたもので、黒よりも風味が弱め。

スパイスの働き

ジンジャー　黒粒こしょう　一味とうがらし　マスタード

辛味づけの働きがあるスパイス例。右隣写真の粉とうがらし（韓国のとうがらし）より、日本の一味とうがらしのほうが辛い。

パプリカ　ターメリック　粉とうがらし　サフラン

香り、辛味の働きに加え、特に色づけの働きに特徴があるスパイス例。ターメリックやパプリカは油によく溶けて発色する。

ホールとパウダーの使い分け

オレガノ（チップ）　パプリカ（パウダー）　クミン（パウダー）　黒こしょう（粗びき）

ホールを細かくしたものは、チップ、粗びき、パウダーなど。細かいほど瞬時に香りが立つ反面、香りが飛びやすい。細かいものは仕上げにふったり、なじみやすいので下味にも使う。

粒クローブ　ローリエ　クミンシード　黒粒こしょう

同じスパイスでもホールとパウダーがある。原形（ホール）に近いほど香りは飛びにくい。ホールは調理の初期に加え、徐々に香りをつけていく。

ミックススパイス・カレー粉

チリパウダー　七味とうがらし　五香粉《ウーシャンフェン》　ガラムマサラ

五香粉（八角、肉桂《にっけい》他）は中国、ガラムマサラ（ペッパー、クミン他）はインド、チリパウダー（とうがらし、オレガノ他）は中南米、七味とうがらしは日本のミックススパイス。

黒こしょう　赤とうがらし　ターメリック　クミンシード

料理や用途に合わせてミックスしたスパイスもある。カレー粉は、写真のスパイスなどを含め、数十種類をブレンドしたもの。インドのミックススパイスを元にイギリスや日本などで広まった。

香辛料（スパイス）

粉わさび・粉からし

わさびもからしも練り製品が一般的だが、粉わさびや粉からしを溶いて使う場合も。それぞれ、粉に少量のぬるま湯を加えて、ほどよいかたさに練る。（生わさび→ p.85）

からしとマスタード

からしの原料のからし菜には、おもに和からしと洋からしの種類がある。和のほうが辛め。これらのブレンド商品が出回っており、辛味や風味、色合いなどが異なる。マスタードは洋からしを主体に、酢や調味料を調合したもので、辛味はマイルド。

色出しのポイント

くちなしの実（左）はきんとんなどを黄色く着色する。実を半分に切るか割り、お茶用パックに入れてさつまいもなどと一緒にゆでると色づく。サフラン（右）は、水かぬるま湯に 20 分ほどつけて色を出して使う。どちらも水溶性。

長もちさせるために

市販の練りわさびや練りがらしを小皿のしょうゆに添える場合、チューブの口がしょうゆにつかないようにする。七味とうがらしや粉さんしょうを料理にふるときは、小皿や手にとってからふる。湯気のある料理の上でびんからじかにふると湿《し》気《け》りやすい。

赤とうがらしの使い方

赤とうがらしの辛味は、加熱時間が長いほど、辛味がより強くなる。辛味を控えたいなら、最後に加える。なお、赤とうがらしは“たかのつめ”とも呼ばれる日本種のとうがらし。

赤とうがらしはもどして、種を除いて使うことが多い。水またはぬるま湯につけてもどし、端を切って水の中でもんで種を出す。赤とうがらしを直接油で炒めるような場合は、乾燥のまま使い、種は切り口からふり出しておく。

調理の基本とコツ

ごはんを炊く

炊飯器のスイッチを入れればごはんが炊けるとはいえ、米（うるち米）の扱い方、炊飯工程がわかっていると、いろいろな条件に対応できます。炊飯器と土鍋の炊き方で確認しましょう。

米の計量

- 米の容量は「合《ごう》」が単位になっている。1合* = 180mℓ = 米用カップ1。「合」は昔の計量単位で、現在でもほとんどの炊飯器や米びつの目盛りはこれが基準。
- 1合の米の重量は150g。炊きあがると約330gのごはんができる。ごはん茶碗2杯分強にあたる。

* 料理用の計量カップの多くはカップ1 = 200mℓだが、米用カップ1 = 180mℓなので、気をつける。

米の保存・ごはんの保存

【米の鮮度】

精米後は時間とともに味が落ちるので、1か月以内で使いきれる量を買う。


【米の保存】

古い米やぬかが残っていない、清潔で乾燥した容器に移して保存。保管場所は、湿気のない、なるべく低温のところがよく、夏場は冷蔵庫でも。


【ごはんの保存】

小分けして冷凍する（約3週間保存可）。電子レンジ解凍。ごはんは冷蔵で長く保管すると、でんぷんの性質が変わり、味が落ちる。

白米を炊く

【白米をとぐ】

米をはかる
米用カップではかる。米をすりきり、炊飯器の内釜かボールに入れる。

手早くとぐ
米にたっぷりの水を加え、さっと混ぜてすぐ水を捨てる。米は最初に出会った水分をすぐに吸収するため、ぬかのにおいがつかないうちに捨てる。

手のひらで軽く手早くシャッシャッととぐ（米1合につき約10回がめやす）。

すすぐ
水を入れては捨てを3～4回くり返して手早くすすぎ、水気をしっかりきる（とぎ始めからここまで2～3分）。

【土鍋で炊く場合】

浸水する

といだ米を土鍋に移す。米の容量の1.1～1.2倍の水を加え、30分以上浸水させる。

炊く

土鍋を火にかけ、中火～やや弱火で約10分かけてゆっくり沸騰させる。

ふたの穴から蒸気が勢いよく吹き出す（上写真）のを確認してから、弱火にして約10分炊く。

むらす→混ぜる

火を止め、ふたをしたまま約10分むらす。むらし終わったら、全体を混ぜる。

【炊飯器で炊く場合】

炊飯器にセット

といだ米を炊飯器に移し、目盛りに合わせて水を加える。

炊飯は「浸水」「炊く」「むらす」の3工程。一般的な炊飯器はスイッチを入れると、この3工程を自動的に微妙な温度調節をしながら、時間を短縮して行う。

炊飯（浸水→炊く→むらす）

スイッチを入れる。

混ぜる

むらし終わると、炊きあがり。全体をさっくり混ぜる。

ごはんを炊く

すしめし、おかゆなど、米の料理と水分の関係をまとめました。おかゆの炊き方なども知っておきましょう。

すしめしを作る

材料（４人分）
米…米用カップ２（360㎖）
水……………………………360㎖
こんぶ………………………５㎝
酒……………………………大さじ１
すし酢（酢 50㎖、砂糖大さじ２、塩小さじ 2/3）

１～２合分ならボールでも混ぜられる。

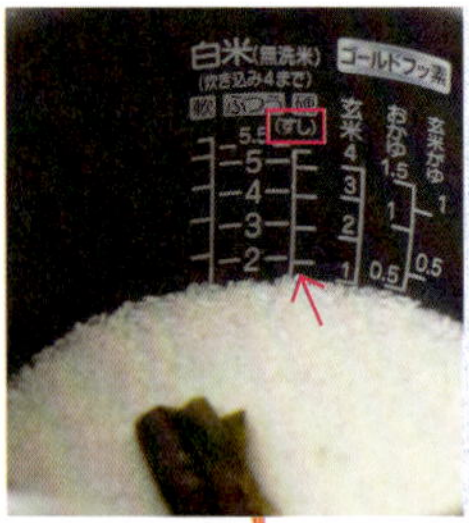

といだ米を、こんぶと一緒に分量の水（すし用の目盛りに合わせる）につけて30分以上おく。酒を加えてごはんを炊く。すし酢は合わせておく。

酢水（酢と水を同量ずつ合わせたもの）を少量用意し、ふきんにつけてすし桶《おけ》をふく（ボールで混ぜる場合は不要）。

炊きあがったらこんぶを除き、ごはんをすし桶にあける。すし酢をしゃもじに受けながら、ごはん全体にかけて5秒おく。

しゃもじで切るように混ぜながら蒸気をとばす。
※量が多い場合は、うちわであおいで蒸気をとばすと、つやよく仕上がる。

米を炊くときの水分のめやす

白　米	米１合（180㎖）	水 200 ～ 215㎖ ※米の容量の 1.1 ～ 1.2 倍／無洗米は、１合につき大さじ１～２追加する
すしめし	米１合（180㎖）	水 180㎖ ※米の容量と同量
炊きこみごはん	米１合（180㎖）	水＋液体調味料で 200 ～ 215㎖

【白米（ふつうのごはん）】
- 米をふつうに炊くときは、米の容量の約 1.1 ～ 1.2 倍がめやす（＝炊飯器の目盛り）。
- **無洗米**は米ぬかを除いてある分、ふつうの米用カップに米が多く入る。その分、水を追加する（１合につき水大さじ１～２）。無洗米専用カップではかった場合は目盛りどおり。

【すしめし用ごはん】
あとですし酢を混ぜるので少しかために炊く。

【炊きこみごはん】
炊飯器で作る場合、水加減や調味料を入れるタイミングは各説明書に従う。

赤飯を電子レンジで炊く

- もち米のおこわや赤飯は炊飯器で炊けるが、浸水機能の有無などは機種によって異なるので、炊飯方法は各説明書に従う。
- もち米は電子レンジでも炊けるのが特徴。1～2合分なら手軽。ただし、レンジ炊きのものは、時間をおくとややかたくなりやすい。

材料（2人分）

もち米 ………………………… 米用カップ1＝1合（180㎖）
A 赤飯用あずき（市販水煮） ………………………… 約30g
A 赤飯用あずきのゆで汁＋水（商品の表示に従う） ………………………… 180㎖

※Aは、p.151のゆであずきとゆで汁でも。

❶もち米は割れやすいので軽く洗い、耐熱容器に入れる。Aを加えて1時間ほどつける。
❷ラップをふんわりとかけて電子レンジで加熱する。途中で2回とり出して混ぜ、加熱ムラを防ぐ。加熱後はラップをしたまま1分むらす。

加熱時間のめやす（500W）

1合分 … 約6分＋3分＋3分
2合分 … 約8分＋4分＋4分

おにぎりをにぎる

ごはん茶碗を利用すると形を整えやすい。具はごはんの中央に押しこんでおく。

両手は水で軽くぬらし、指先2～3本に塩をつけて手に広げる。

茶碗から手に移してにぎる。

三角にするには手のひらと指の角度を利用。手前に回しながらにぎる。

おかゆを土鍋で炊く

❶土鍋にといだ米と水を入れる（沸き上がるので鍋の6割くらいまでの量にする）。30分以上おく。

❷ふたをのせ、中火にかける。約10分かけてゆっくり沸騰させる。

❸ふたの穴から蒸気が勢いよく吹いてきたら弱火にし、一度大きく混ぜる（こげつきにくくなる）。

❹ふたをして、静かに蒸気が立つ状態で約40分炊く。沸き上がるようなら、ふたを少しずらす。

かゆの名と、米と水の容量の割合

七・五・三と数字が小さくなるほどやわらかい。

	米 対 水
「三分がゆ」	**＝1：15**
「五分がゆ」	**＝1：10**
「七分がゆ」	**＝1：7**
「全がゆ」	**＝1：5～6**

※七分がゆの材料例（1人分）

米 ………… 50㎖（40g）
水 ………………… 350㎖

だしをとる

湯や水に肉や魚、野菜、海藻などのうま味を溶け出させたものが〝だし〟。和食のだしのおもな材料は、こんぶ、かつおぶし、煮干しです。家庭の料理で広く使われるのは、かつおぶしからとるだしでしょう。

こんぶのだし

上品でひかえめなこんぶのうま味がある。湯どうふ、茶碗蒸し、あえものなどに。

材料（だし約350㎖分）
水 …………………………………… 400㎖
こんぶ ………………… 3～8g（3～8㎝）

❶こんぶを乾いたふきんでふいて、表面の砂やごみをとる。白い粉はうま味成分なので、ふきとらないようにする。

❷鍋に分量の水を入れて、こんぶを30分ほどつけて、うま味を引き出す。

❸弱火にかける。プツプツと泡が出てきて沸騰直前になったら、こんぶはとり出す。

和食のだしのおもな材料

【こんぶ】
だし用の肉厚のこんぶを使う（“早煮こんぶ”は一度蒸したものや未成熟のこんぶで、よいだしはとれない）。涼しい場所で保存。

【けずりぶし】
かつお、さば、むろあじやそれらの混合がある。かつおだけのものは上品な味わい。小パック詰めの細かいけずりかつおや糸かつおは、香りが弱め。保存は、密閉容器類に入れて冷蔵、または冷凍。

【煮干し】
煮干しはいわしの稚魚を煮て干したもの。大小あるが、だし用の煮干しを使う。保存は、密閉容器類に入れて冷蔵、または冷凍。冷凍は、頭とはらわたを除いてから。

煮干しのだし

煮干しのだしは、魚のうま味がある。みそ汁、煮ものなどに。

材料（だし約350mℓ分）

水 …… 400mℓ
煮干し …… 10〜15g

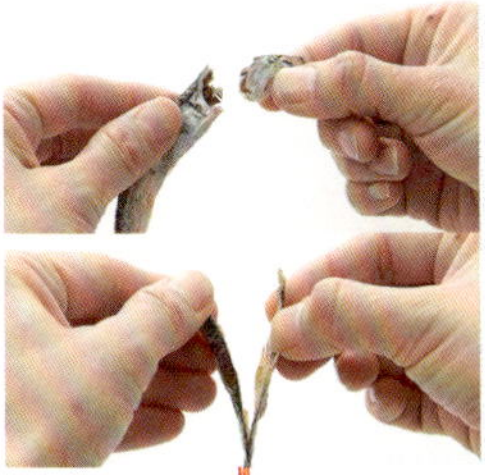

❶煮干しの頭とはらわた（頭近くの黒い部分）は、にが味があるので除く。身は縦2つに裂く。

❷鍋に分量の水を入れて、煮干しを30分ほどつけて、うま味を引き出す。

❸中火にかける。沸騰後、弱火にしてアクをとり、2〜3分煮て火を止める。こし器やざるでこして煮干しを除く。

だしをとったあとは…

- 最初にとっただしを「一番だし」と呼ぶ。使ったけずりかつおなどで、もう1度とるだしを「二番だし」と呼び、煮ものやみそ汁に使う。
- だしをとったあとのけずりかつおは、電子レンジで乾燥させ、ごまなどを混ぜてふりかけに。こんぶや煮干しは煮ものの具になる。

かつおぶしのだし

くせのないうま味で、吸いもの、みそ汁、うどんつゆ、煮ものなどに幅広く使える。

材料（だし約320mℓ分）

水 …… 400mℓ
けずりかつお …… 4〜8g

❶鍋に分量の水を入れて火にかけ、沸騰したら、けずりかつおを入れる。

❷再び沸騰したら火を止めて、1〜2分おく。

❸こし器やざるでこして、けずりかつおを除く（澄んだだしをとる場合には、ペーパータオルを通すとよい）。

こんぶと かつおぶしのだし

うま味の相乗効果でおいしい上等だし。吸いものやあえものなどに。

こんぶだし❸から続けて、けずりかつお3〜5gを加えてかつおだしをとる（約280mℓ分）。

だし・スープ（スープの素）

洋食・中華料理には スープストック

洋食や中華の料理で使うだしは、スープストック。これをとるには時間がかかるので、ふだん使いは市販のスープの素が手軽。コンソメ、ブイヨン、スープストックなどの商品名があるが、使い方は同じ。

スープの素の種類と料理

スープの素にはおもに主原料がビーフのもの、チキンのものがある。ビーフは肉のうま味やコクを出したいとき、チキンはとり肉料理やさっぱりめの味に向く。中華料理はとりがらでとるスープを使うことが多く、中華スープの素はチキンベースが多い。

スープの素の形状と料理

スープの素の形状は、固形、顆粒、半ねりなど。固形は1個単位で使え、煮こみ料理などによく使う。顆粒や半ねりは少量使いができ、溶けやすいので炒めものにも使いやすい。

とっただしの保管

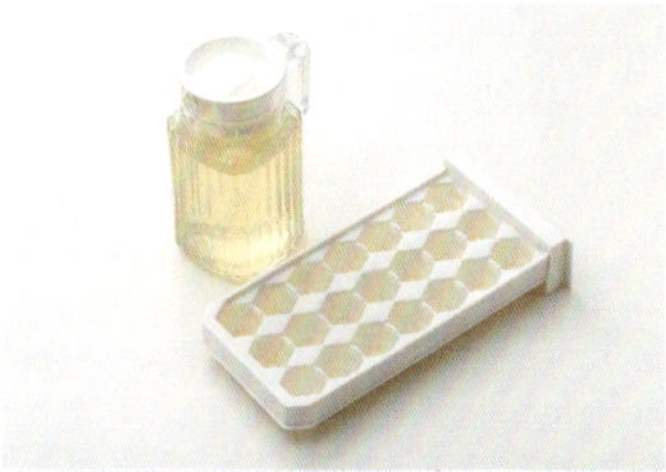

とっただしは冷蔵庫で1～2日もつ。冷凍保存もできる（製氷皿で凍らせてから保存袋に入れる。約2週間）。

少量のかつおだしをとる

かつおぶしのだしを少量（大さじ2～3）とる場合は、水 50mℓに対してけずりかつお1gがめやす。鍋で 30秒ほど煮るか、電子レンジで約1分（500W）加熱し、茶こしでこす。

インスタントだしを使うときのポイント

インスタントだしは、かつおやこんぶなどのうま味成分を濃縮するなどしたもの。塩やほかの調味料が添加されている場合が多いので表示を確認し、味見をしてから味つけする。

だしで作るみそ汁

みそ汁は、具の味わいに、みその味と香りが加わります。だしには、かつおぶしや煮干しを使うことが多いようです。

材料（2人分）
だし * ………… 300㎖
みそ ………… 大さじ1～1½
好みの具2～3種 ………… 適量
吸い口 ………… 少々

* 具を煮るのに時間がかかる場合は、蒸発するのでだしの分量は多めにする。

具をだしで煮る
好みのだしをとり（→ p.166～167）、具を入れて火を通す。

みそを溶く
具が煮えたら、みそを加える。みそは器にとり、鍋のだしを少量加えて溶きのばしてから汁に加えると溶けやすい。

吸い口を添える
みその香りがとばないよう、煮立つ直前に、火を止める。椀によそい、吸い口を添える。

おいしいみそ汁のポイント

● **煮えばなを食べる**
みそ汁はできたての香りがいちばんよいもの。食べるタイミングを見計らって作る。

● **具は2種以上を**
種類の異なる具を2種以上加えるとうま味が増す。たとえば、とうふとわかめ、だいこんと油揚げ、じゃがいもとたまねぎなど。

● **吸い口を添える**
最後に七味などの香りのもの（吸い口）を添えると、うま味が引き立つ。また、具や吸い口に季節の食材を使うことで季節感を楽しめる。

【吸い口の例】
七味とうがらし、粉ざんしょう、ねぎ、しょうが、ごま、木の芽（春）、みょうが（夏）、ゆず（冬）

みその種類

原料や作り方の違いから多種あり、味わいもさまざま。一般的によく使うのは、米こうじが原料の米みその“赤みそ（仙台みそなど）”と“淡色みそ（信州みそなど）”。また“白みそ（西京みそなど）”は甘味が特徴。塩分量は商品によって違うので表示で確かめる。米みそのほかに、麦みそや豆みそなどがある。好みのみそをブレンドして使っても。

献立・段どり

献立を考え、段どりを考えてと、料理づくりは創造力が必要です。

【献立をたてる】

和食の配膳も参考に

献立をイメージするときに、和食の配膳も参考になる。配膳は食べやすさや所作の美しさといった伝統に由来する。「ごはんは左、汁は右」。

一汁三菜《いちじゅうさんさい》を意識する

上の写真のような和食の献立を「一汁三菜」という。主食のほかに、汁1つと3つのおかずの献立のことをさす。家庭の食卓には和洋中さまざまな料理が登場するものの、和食にならって、一汁三菜、または一汁二菜を意識すると、日々の献立を決めやすい。

栄養のバランス

食材や調理法に偏りがない献立は、おのずと栄養的にもバランスがよいものとなる。体を作って動かす3大栄養素（糖質、たんぱく質、脂質）や、体の機能を調整するビタミン、ミネラルなどは、食事から得られる。1日3食、偏りのない食事をとることで、これらが自然に満たされる。

バラエティー豊かに

満足感があってバランスのよい献立とは、食材を偏りなく使い、味だけではなく、温度や歯ざわりなどの食感もバラエティーにとんでいるものをさす。献立をたてる際、すべての要素を考えるのは難しいが、「食材、味、調理法が重ならないように」と考えるとよい。

コラム

お弁当の基本

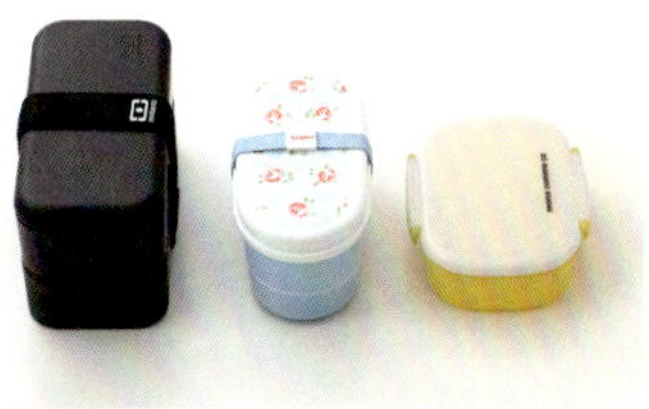

弁当箱の容量

弁当箱の容量のめやすは、「1日に必要なエネルギー*(kcal)」を参考に。1日に1,800kcal必要な人なら単純計算で1食は1/3量の600kcal。弁当箱は600㎖くらいの容量を。

* 日本人の食事摂取基準(厚生労働省)を参考に。ただし、年齢、性別、体格などで個人差がある。

ごはんとおかずは1:1

ごはんとおかずの量の割合は1:1がめやす。おかずの主菜と副菜の量の割合も1:1をめやすに。肉や魚の主菜は1品、野菜などの副菜は2、3品を組み合わせると、バランスがよい。

さましてから詰める

蒸気の水に菌が繁殖しやすくなるため、いたみ防止の鉄則は「さまして詰める」。ごはんもおかずもさましてから詰める。作りおいたおかずは、1度温め直して、さます。

【段どりよく調理するには】

● 調理時間がかかるものを先に

炊飯セット後は、時間がかかるけれど手があく煮ものなどは先に、できたてを食べたいものは最後にする。下段の手順を参考に。

● 複数の熱源を活用

このとき、同じような料理で調理が重なっていると、器具や火口の重複で段どりも悪くなる。複数の熱源を活用する。電子レンジなどは、手があくので別のことができる。

段どり見本

❶ごはんを炊く。
❷乾物類をもどす。
❸湯を沸かす、だしをとる。
❹材料をまとめて切る。
❺時間がかかる煮ものなどを始める。
❻下味、下ごしらえ。
❼合わせ調味料、ソースなどの準備。
❽焼くなどの加熱。汁ものなどを仕上げる。

● 右上献立例なら

❶ごはんを炊く。
❷わかめをもどす。
❸だしをとる。
❹材料を切る。
❺かぼちゃを煮る。
❻きゅうりの塩もみ、さけの下味。
❼酢のものの調味料を合わせる。
❽さけを焼く。汁を作る。酢のものをあえる。

盛りつけの基本

料理は盛りつけも肝心。おいしく食べてほしいという作り手の気持ちが表れます。基本を知っておきましょう。

煮もの・あえものなどはこんもりと

和食の煮ものやあえものは、鉢の中央にこんもりと盛りつける。上にのせるあしらいは「天盛り」という。あしらいは料理の味を引き立てたり、季節感を添えたりするもの。

ごはんはふんわりと

茶碗の七～八分目まで、2、3回に分けて、ふんわりとよそう。茶碗のふちにしゃもじをこすりつけてごはん粒をとらない。

一尾魚は頭を左、あしらいは手前に

一尾魚は"頭は左、腹は手前"に盛りつける。切り身魚は「背が向こう、幅広が左」が基本だが、切り身の形に合わせて見ばえよく。あしらいは料理の前に添える「前盛り」。やや右前に置くことが多い。

汁ものは汁がはねないように

鍋は置き、椀を手に持って、椀の七～八分目まで、2、3回に分けてよそう。ねぎや七味などの香りのもの（「吸い口」）を散らすと美味。

刺身の盛りつけは奇数

和食の盛りつけでは奇数が基本。刺身は、だいこんなどの「つま」を支えに立てぎみに盛る。

器に余白を残す

器にめいっぱい盛りつけずに、器の2/3くらいの量を盛りつけると、見た目がきれい。

コラム

煎茶のいれ方

日本茶は、煎茶、玉露、ほうじ茶などの種類がある。それぞれ甘味やしぶ味の味の特徴があるため、いれる湯の温度をかえる。煎茶は約80℃、玉露は低め（約50℃）、ほうじ茶や番茶は熱湯でいれる。

❶湯は沸騰させたものを使う。急須に熱湯を入れ、あら熱をとるとともに、急須を温める（100℃の湯が約90℃になる）。

❷急須の湯を人数分の茶碗に八分目まで入れ、さらにあら熱をとりつつ、茶碗を温める。急須に煎茶の茶葉を人数分入れる。1人分2～3g（ティースプーン1杯）がめやす。

❸茶碗の湯（約80℃）を急須に入れ、ふたをして1～2分待つ（茶葉が細かい場合は濃くなりがちなので、短くする）。急須は回さない。

❹茶葉が八分どおり開いたら一煎目をいれる。各茶碗に少しずつ入れ、濃度を均等にする。二煎目は、熱湯をそのまま急須に入れてよい。

洋食のつけあわせは奥

洋食は食卓で切り分けながら食べるマナーから、メインのおかずは中心よりやや手前に盛る。つけあわせは奥に盛りつける。ロース肉などは表になる向きがある（→ p.126）。

パスタは山高に

パスタは山高に盛りつけると、べったりとせずに見ばえがよい。トングでねじりながら盛りつけてもよい。そのあとに、具をパスタの上にバランスよく盛りつける。

中国料理の大皿盛り

大皿盛りにしてとり分けることの多い中国料理。どの角度から見てもきれいに見えるように盛りつける。とり皿、とり箸と一緒に出す。

加熱のコツ 電子レンジ

温める、ゆでる、蒸すなど、下ごしらえから調理まで利用できます。ポイントをおさえて、安全に活用しましょう。

電子レンジのしくみ

【ワット数と加熱時間】

ワット(W)数はコンロの火力のようなもの。同じ食品を加熱するとき、W数が大きいほど早く加熱できることになる。レンジの横に「高周波出力」と表示されている(写真右)。W数によって加熱時間は表のように変わる。なお、食品の量が2倍になっても、加熱時間は2倍よりひかえめにする。

ワット数	500W	600W	700W	800W
加熱時間	1分	50秒 約0.8倍	40秒 約0.7倍	35秒 約0.6倍

【加熱のしくみ】

電子レンジはマイクロ波という波長の短い電波を出して食品中の水分を振動させ、その摩擦熱で食品が熱せられる。

加熱ムラを防ぐ

食品の大きさや厚みの違いで、加熱時間にかなりの差が出る。野菜などは大きさ・厚みをそろえ、重ならないように並べて置く。

量が多い、厚みがあるといった場合は、途中で混ぜたり、上下を返したりして、加熱ムラを防ぐ。

加熱のしすぎに気をつける

加熱しすぎると、水分がとびすぎて味が落ちる。加熱めやす時間よりも短めにセットし、ようすを見ながら少しずつ加熱するのがコツ。

肉や魚を解凍する場合、わずかの加熱しすぎで、部分的に火が通ってしまう(写真の薄茶色部分)。「解凍」や「弱モード」で、中心がまだ凍っている半解凍でとどめる。

注意する食品

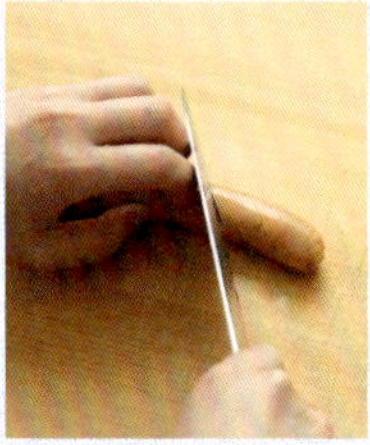

皮や膜に包まれた食品（卵、ウィンナーソーセージ、たらこなど）を加熱すると、破裂する危険があるので、皮に切り目を入れる。卵の黄身はほぐすか、丸ごとなら竹串でしっかりと穴を開けてから。

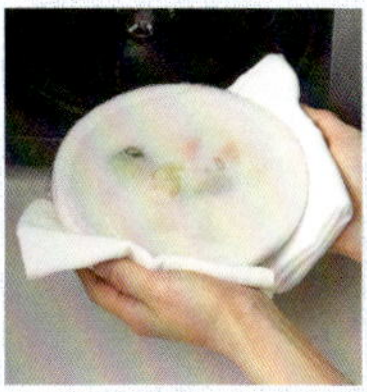

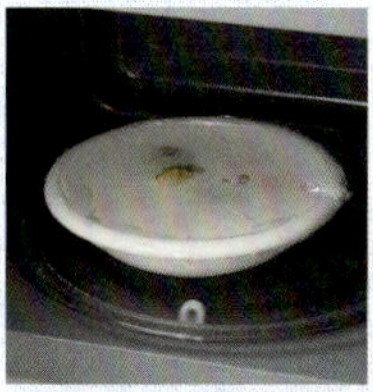

ポタージュやカレーなど濃度のある液体は、加熱した直後、動かしたとたんに液体が飛び散る「突沸」の危険が。1～2分おいてからとり出す。また、油脂や砂糖は高温になりやすいので、過加熱に注意。

ラップのポイント

ラップは基本的にふんわりとかける。温度差でラップがのび縮みし、中の食品にはりついたり、はずすときにとびはねたりするため。

食品から出る水蒸気を利用して、ふっくらと加熱したいときは、ラップをかけて加熱。揚げものなど、カラリと加熱したい場合は、ラップをかけずに加熱。

こまめにふく

電子レンジを使ったら、こまめに庫内をふき、清潔を保つ。汚れが原因のレンジ火災が増えている。

電子レンジにかけられない器

○ かけられるもの

耐熱性ガラス、日常使いの陶磁器（もようは絵つけでないもの）、オーブン用陶磁器、レンジ用プラスチック製の容器（ふたがレンジにかけられないものもある）。

× かけられないもの

金属製の器、木製品、漆器、耐熱性のないガラス器、プラスチック製やホーローの容器、色絵つけや金銀のもよう入りの器、紙容器など。

加熱のコツ ゆでる

水だけで煮るのが「ゆでる」。もっともシンプルな調理方法です。

ふたをする・しない

加熱はふたをするのが効率的だが、吹きこぼれやすい、くさみがこもるといった場合は、ふたをずらす（「きりぶた」）。緑の葉ものは、ふたをすると葉もの自体が持つ酸で色が悪くなるので、ふたはしないでゆでる。

ゆでる目的とゆで方

ゆでる目的は、火を通す、やわらかくする、色よくする、脂やアクを抜くなど。ゆで時間や火加減は目的により変わる。青菜類なら歯ごたえよく、色よくするために、高温で短時間にゆでる。

水にとる・とらない

ゆであがったら基本的にはざるに広げる。青菜など余熱で色が悪くなるものや、アクが強いものは、ゆであがりを水にとってから水気をきる。

水から・湯から

地上で育つ野菜は湯から、土中で育つ野菜やかぼちゃなどのでんぷんの多い野菜は水からゆでる。肉や魚は湯に入れれば、たんぱく質が固まるのでうま味が逃げない。貝の汁の場合は水からゆで、汁にうま味を引き出す。

湯通しする

「湯通し」は、沸騰した湯に材料をくぐらせ、短時間加熱すること。肉や魚のくさみや余分な脂をとったり、殺菌したりするため。また、わかめを短時間ゆでるときなど。

ゆでこぼす

「ゆでこぼす」は、アクやぬめり、くさみのある食材を軽めにゆでて、それらが出たゆで汁を捨てること（例→ p.151 あずき）。

加熱のコツ 煮る

ひと口に「煮る」といっても、煮る方法はさまざまで、調理用語も多くあります。

蒸し煮にする

「蒸し煮」は、材料に対して少なめの水分を加え、ふたをして蒸すようにして火を通す調理。素材自体の水分を利用して蒸す場合もある。

煮こむ・煮出す

材料に煮汁の味を含ませていく「煮る」の目的はいろいろ。たとえば、**「煮こむ」**は長く煮て味をなじませる、**「煮出す」**は食材の味を汁に引き出すなど。

煮つめる

「煮つめる」は煮汁の水分をとばしながら、味を凝縮させていく調理。みりんや砂糖が入っている場合は、つやが出ておいしそうな仕上がりになる。たれなどはとろりとする。

煮含める

「煮含める」は、材料を多めの煮汁に入れ、弱火でじっくり煮て、材料に味を含ませること。火を止めたあとも煮汁につけたままにすると、さらに味がしみる。こうして煮たものが**「含め煮」**。

煮ものの鍋の選択

煮ものには適度な大きさの鍋を。大きすぎると材料が煮汁につからず、味がつきにくく、煮くずれの原因になる。鍋の材質や厚みもポイント。煮こみ料理には、保温力がある材質や厚手の鍋が向く。

落としぶたの効用

少なめの煮汁を、材料全体に回したいときに落としぶたを使う。材料が汁の中で躍って煮くずれるのを防ぐ効用も。専用のふたのほか、アルミホイルなどに穴をあけて代用する場合もある(p.109)。

加熱のコツ

フライパンで焼く・炒める

手軽でかんたんなフライパン調理。材質・加工ともに多彩なフライパンが出回っており、その扱い方が調理のポイントにもつながります。鉄製とフッ素樹脂加工のものを中心に見ていきます。

表になる側を先に焼く

肉や切り身魚を焼く場合、盛りつけで表にする側(→ p.126)を先に焼く。裏返して焼く面は、フライパンが汚れるうえ、焼けた側から肉汁が落ちてきて乾きにくくなるため。

フライパンは動かしすぎない

直火の調理では、均一に火を通すために、鍋をゆすることがある。ただし、動かしてばかりいると、逆に熱が伝わらずに焼けなかったり、水っぽくなったりするので注意。

ふたをそろえておく

フライパン調理では、ぎょうざやハンバーグのように蒸し焼きにすることも多く、その際はふたが必要。ふたがあれば、蒸し煮、煮もの、蒸しものと調理の幅が広がる。

基本は強めの火加減

焼いたり、炒めたりは、基本的には高温で短時間にすませると、素材の水分やうま味がとどまっておいしく仕上がる。強めの火加減で。

高熱に強い鉄製のフライパン

鉄製のフライパンは熱の伝導率がよく、強火で一気に仕上げる料理に最適。ステーキやオムレツなどは、表面に比べて中はジューシーにやわらかく焼ける。鉄製はさびやすいので、使用後は完全に乾かす。

フッ素のフライパンは空焚き禁止

フッ素樹脂加工のフライパンは材料がつきにくく、ひく油も少なくてすむ。一方、高温や温度変化で加工がはがれやすい。空焚きや強火を避け、調理後すぐに水をかけない注意が必要。また、傷がつくので、金属のへらやたわしは使わない。

加熱のコツ 蒸す

水蒸気が食材にふれて水に変わるときに出す熱で、食材を加熱します。食材の形をくずさず、ふっくらしっとりと仕上げることができます。

ふたは水平にはずす

ふたをはずすときは、水滴が落ちないように、水平にそっと。

水はたっぷり入れる

蒸し器には、蒸気の元になる水を水位線までたっぷり入れて沸かす。下段の約八分目まで水を入れ、ふたをして沸騰させる。

せいろを使うコツ

せいろは、竹製で、中敷きのある身とふたのセット。せいろ自体が湯気を含むため、蒸気のあたりがやわらかで、水滴が落ちにくい。使用前にせいろを水でしめらせ、こげないようにする。使用後は、洗ってから陰干しでよく乾かす。

蒸気が立ってから蒸し始める

蒸気が充分立ったところから蒸し始める。冷たいうちから食材をかけると、出始めた蒸気が水滴となって食材の表面が水っぽくなり、うま味が逃げやすい。

湯につけて蒸す（地獄蒸し）

底が平らで深さがある鍋を使う。器が動かないようにふきんを敷く。茶碗蒸しやプリンの器を並べ入れ、器の高さの約半分まで湯を入れて加熱。蒸し器よりも火の当たりが強いので、ふたを少しだけずらして蒸す。

常に蒸気を充満させる

蒸している間は、蒸し器の中に熱い水蒸気が充満する状態を保つのがポイント。強めの火でなるべく途中でふたを開けない。

加熱のコツ
揚げる

揚げものは材料に火が通ると同時に、材料の水分が出て油がなじんでいく調理。泡の出方が少なくなってきたら揚げあがり。

揚げる温度のめやす

揚げる温度は「170℃前後」がめやす。火が通るまで時間がかかるものは10～20℃低め、すぐ火が通るものは高め。こげやすい葉などは低めで。野菜→肉や魚、の順に揚げる。

油の量

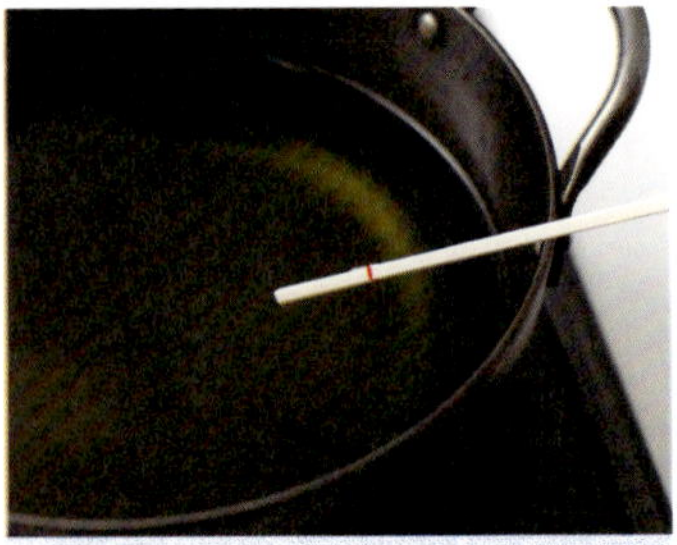

家庭の揚げ鍋で使う油の量は、約3㎝深さをめやすに。油が少ないと材料が鍋底についてこげる。

油の温度の確認方法

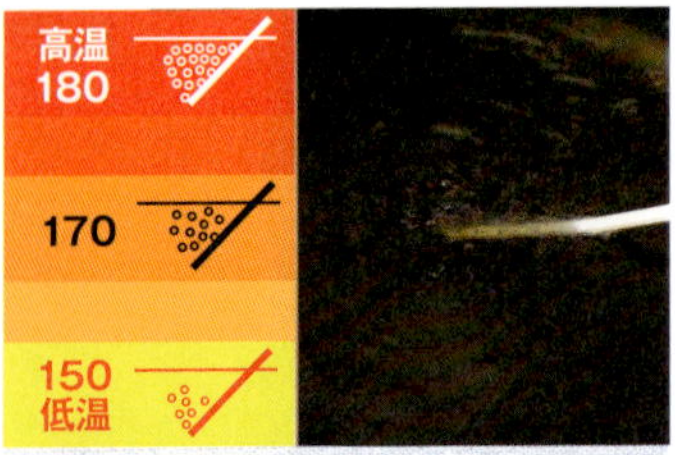

菜箸や割り箸（竹や木製）を水でぬらしてふきとり、油の中ほどに入れ、出る気泡の状態で判断。約170℃なら、つけた部分全体から気泡がフワフワ出る。高温なら勢いよく出る。

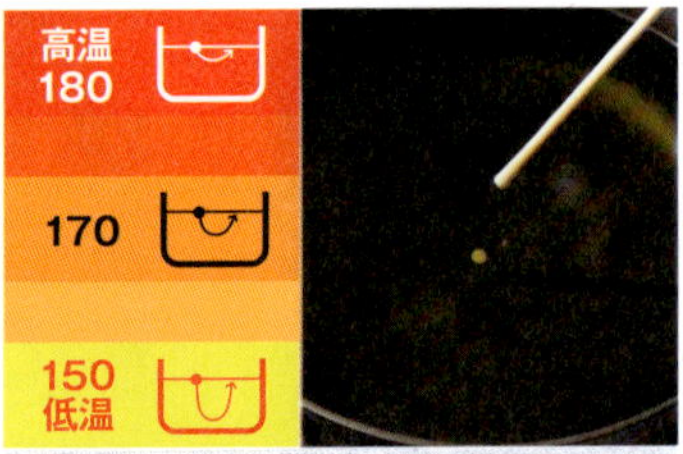

天ぷらなら衣を1滴落としてその沈み具合で判断できる。約170℃なら、衣が油の途中まで沈んで浮き上がってくるくらい。

揚げ油の始末

油がさめると粘度が出てこしにくいため、温かいうちにこす。こした油は2、3回使える。油を捨てる際は、牛乳パックに新聞紙などを入れ、油を吸わせる（水も吸わせて自然発火を予防）。自治体の指示に従い捨てる。

少ない油で揚げる

薄いもの、形がしっかりしたものなどは1㎝深さ程度の油で揚げる場合もある。材料が鍋底についてこげやすいので火加減に気をつける。フライパンを使う場合は、揚げ鍋より浅いので、火が入らないように注意する。

冷凍のコツ

家庭の冷凍で食品の状態が変わる理由は、食品内の水分がゆっくり凍って細胞が壊れ、解凍で水分と一緒にうま味が逃げてしまうから。特に生鮮食品でこれをできるだけ防ぐには、急速冷凍と解凍法が鍵になります。

1 鮮度のよい状態で冷凍

食材はなるべく鮮度のよいものを求め、その日のうちに冷凍する。

2 下味、下ゆでしてから冷凍

肉や魚はできれば塩やしょうゆなどをふって薄く下味をつけて冷凍。塩分で食品内部の水分が引き出されてダメージを予防できるため。

野菜はかためにゆでて冷凍。野菜の組織がやわらかくなり、食感や栄養価が保てる。すぐ使えるように、野菜は切っておくとよい。

3 小分けにして薄く密閉

すばやく凍らせるために、また、すぐ使えるように、小分けにして薄くする。ラップをし、さらに袋に入れるなどして密閉することで、乾燥と酸化を防ぐ。

すばやく冷凍（保冷剤を利用しても）。冷凍庫の開け閉めは少なくする。早めに使いきる。

4 ダメージが少ないのは「低温解凍」か「加熱解凍」

a 冷蔵庫で低温解凍

冷蔵室に移して低温で解凍。時間がかかるので、使用時を見越して解凍し始める。

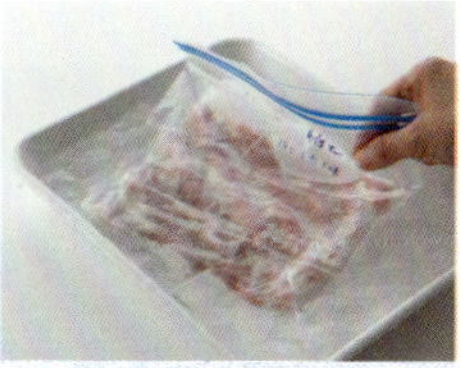

b 氷水で低温解凍

保存袋などに入れたまま氷水につける。冷蔵庫と同程度の低温だが、より速く解凍できる。

c 凍ったまま加熱解凍

凍ったまま、または半解凍のまま煮汁に入れるなどし、直接加熱しながら調理する。

あとかたづけ

台所を有効に使うためには、調理中も使い終わったものから手際よくかたづけていくのが秘訣。食器洗い、ごみの始末、キッチンの衛生まで、日々清潔なキッチンを心がけましょう。

調理中のかたづけ

加熱の合い間にかたづける

煮ている間など、少し手があいたら、流しにまとめた調理道具類を洗ってしまうと、あとのかたづけがらく。

食材のかたづけ

調理台には必要なもの以外を置かない。食材は使用する分だけとり分け、残りはすぐしまう。調味料類も使い終わったらしまう。

使用済みの鍋に水をはっておく

調理後にあいた鍋やフライパンは、汚れをふきとって、湯や水をはっておく。ゆでたあとの残り湯があれば、洗いものに利用する。

まな板スペースをあける

切るものはなるべくまとめて切り、まな板の用が済んだら、かたづける。まな板分のスペースがあいて作業がしやすい。

コンロ・レンジはさっとふく

コンロや電子レンジの使用後は、とび散った汚れをひとふきする習慣を。汚れが落ちやすく、のちのちの手入れがらくになる。

済んだら流しへの習慣づけ

調理トレーや道具類は、あいたら流しの隅にまとめて置くように習慣づける。調理台が散らからずに作業しやすく、かたづけもしやすい。

食事後の食器のかたづけ

1 食卓で同じ器をまとめる

食器は食卓でまず、油汚れのものとそうでないものを区別し、次に同じ食器をまとめて流しに運ぶと、洗いから収納までがスムーズ。油ものは重ねないほうがよい。

2 こびりつきはふやかす

流しに運んだら、ごはん粒や納豆などがついた食器に、湯や水をはってふやかしておく。

3 器についたソース類は落とす

食器に残った油やソースなどは、洗う前にゴムべらなどでぬぐいとり、ごみとして捨てる（ごみの野菜のくずで落としても）。その後、洗剤で洗う。

4 最初に、ガラス類などを洗う

最初に洗うのは、ガラス類や漆器類などの壊れたり傷ついたりしやすい器。ほかの食器とは別にし、洗い終わったら、乾いたふきんの上にふせて並べておく。

5 油気の少ないものから洗う

ガラス類などのあとは、油気や汚れの少ない食器を洗う。洗剤を使わずにすむ場合もある。

6 油気のあるものを洗う

残り全部を洗剤で洗い、形や大きさ別に集めて置く。

7 すすぐ

種類ごとにすすぐ。万一手をすべらせて食器を割らないように蛇口の真下はあけておく。最後に湯ですすぐと、水きれがよい。

8 水気をよくふく

洗った食器は、種類ごとに水きりかごにふせるか、立てかけて置く。ふきんでふいて収納。水きりかごにためて次々にぬれた食器を加えるのは不衛生。

鍋のこびりつき

鍋がこげついてすぐとれない場合は、鍋に湯を沸かしてふやかしておく。さめてから中性洗剤とスポンジで洗う。

スポンジ類・ふきん類

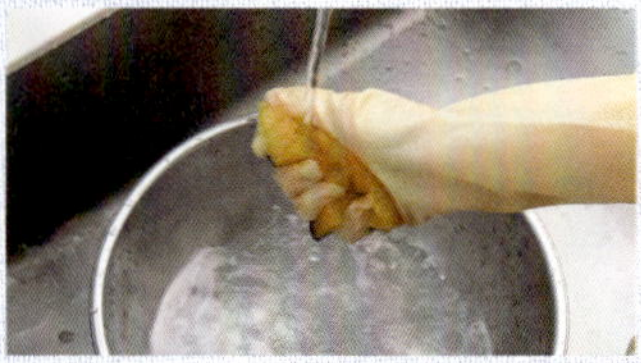

スポンジやたわしについた汚れや残った洗剤は、菌の養分になる。使用後はよくすすぎ、熱湯をかけ、さめたら水気をきって、よく乾燥させる。

ふきん、台ふきんはまめに洗う。1度でも使ったら必ずその日のうちに洗う。食器用洗剤でもみ洗いし、よくすすぐ。洗剤が残っていると、菌の養分になり、漂白しても除菌効果が落ちる。

ふきん、台ふきんは定期的に漂白する。スポンジやたわしは変色の可能性もあるが、2～3分つけおくだけでも除菌効果が。熱湯をかけてもよい。

まな板・包丁

生の肉や魚を切ったあと、まな板と包丁はまず「水」で汚れを洗い落とす。「湯」だとたんぱく質が固まり、落ちにくくなるため。そのあとで洗剤で洗う。まな板は、1日の終わりに熱湯をかける。

熱湯をかけて消毒したあとは、風通しのよいところで乾かす。

まな板は週に1度は、漂白・除菌する。漂白剤をうすめた液にひたし、とび出した部分はふきんで覆うと、液がしみて行き渡る。

包丁は、刃だけでなく、柄、柄と刃の境目なども洗う。皮むき器やキッチンばさみも忘れずに。刃でけがをしないように注意。

キッチンの手入れ

コラム

包丁のとぎ方

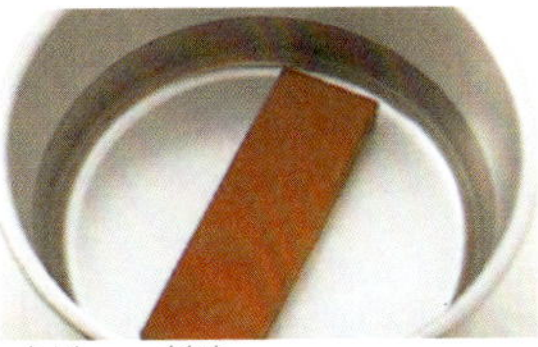

❶砥石《といし》は「中砥《なかと》」とよばれる800〜1000番のものを使用。とぐ前にたっぷりの水に約15分つけて水を充分含ませる。

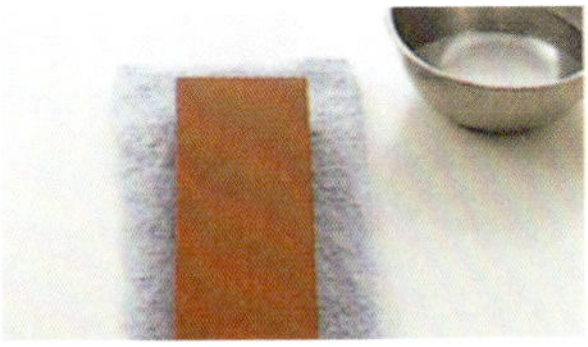

❷ぬれぶきんの上に砥石を置く。時々水をかけるので水を用意。

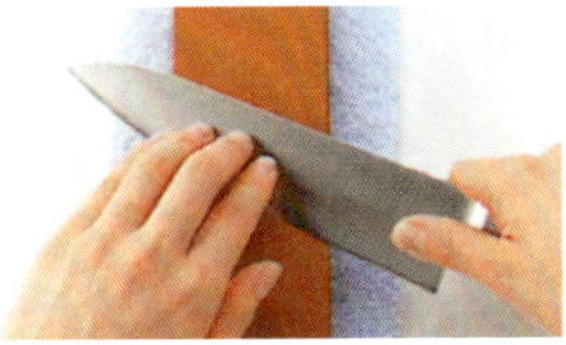

❸包丁と砥石の角度を約45度にして刃を置く。包丁のミネを約5㎜浮かせる。角度を保ち、前後にとぐ。

❹刃渡りを刃先、中央、刃元と1/3に分ける。それぞれ往復10〜15回ずつ砥石の長さいっぱいにとぐ。裏面も同様にする（途中に出てくるどろどろの液は研磨剤になるので洗わない）。

終わったら包丁全体をよく洗って水気をふきとる。砥石はたわしで洗って乾かす。

コンロとグリル

コンロは「汚れたらすぐにふきとる」のが基本。油汚れは調理を終えたその日のうちに、中性洗剤でふいてから水ぶきする。五徳はコンロからはずし、中性洗剤をつけてスポンジで洗い、水洗いする。

グリルは熱いうちに受け皿と網をとり出し（やけどに注意）、湯をはっておく。汚れが浮いたら、中性洗剤で洗う。網のこげつきは、アルミホイルを丸めたもので軽くこするとよい。乾かして元に戻す。

流し

流しの排水口のごみを除き、ふた、ごみ受け、排水口に洗剤や重曹をふりかけて5分ほどおく。そうじ用のスポンジでざっとこすり、水で洗い流す。

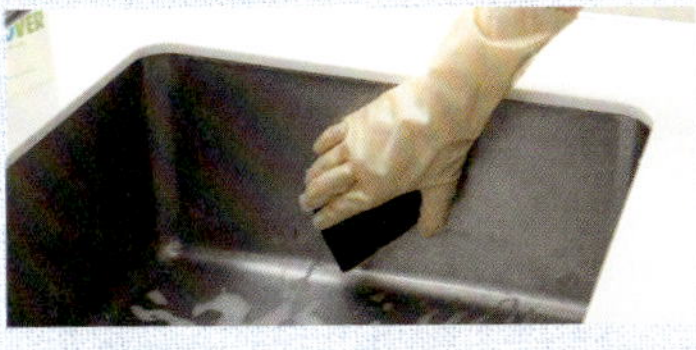

最後に流しや水道の蛇口を、そうじ用のスポンジで洗う。金属製のたわしは避ける。洗ったあと、シンク内の水滴をふいておくと、水道水に含まれるカルキ（塩化石灰）が白くこびりつくのを予防できる。

キッチンでのごみ処理

コラム

チラシで作る生ごみ入れ

生ごみの80%は水分。ごみはなるべく水にぬらさずにまとめる。そこで、チラシで作る生ごみ入れをご紹介。そのままごみ箱に捨てられるので便利。手のあいたときに折ったものをストックしておくとよい。

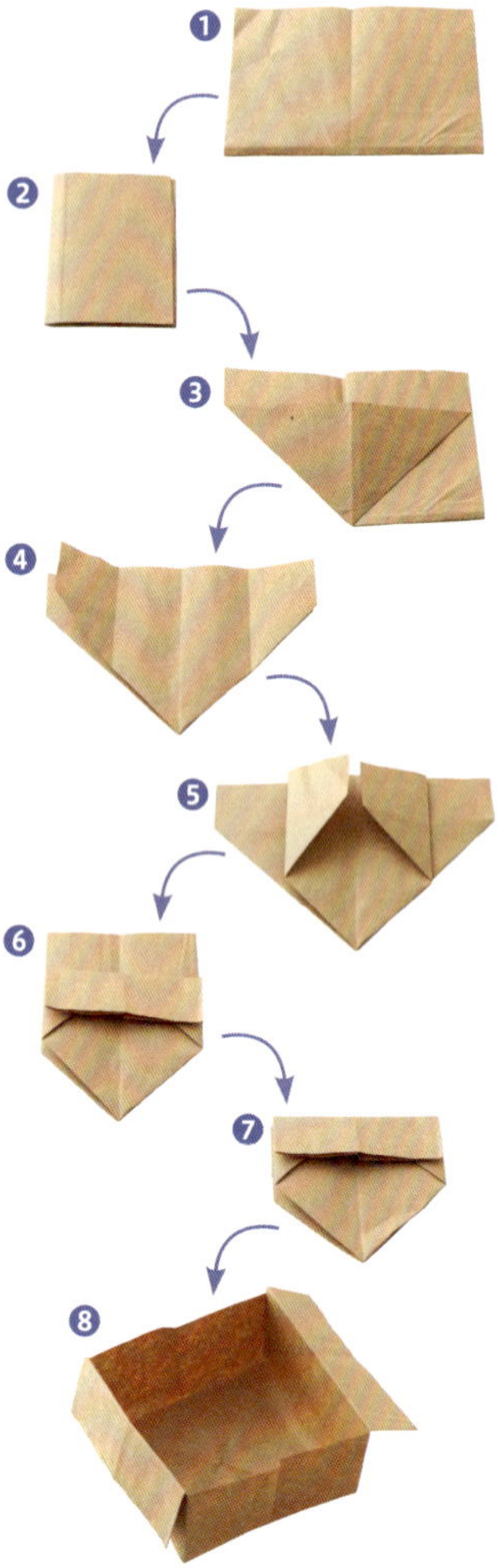

生ごみ・リサイクルごみ

調理中に出るごみは、ボールや袋にまとめて散らかさないのが原則。水にぬれると汚れや雑菌が広がるので、汁が出ないものはシンク内に入れないようにする。

流しのごみ、排水口の生ごみはためずに、こまめに捨てる。ぬれたごみは、新聞紙などにとってからポリ袋に入れて捨てれば、汚水がたれず衛生的。

排水口などの生ごみは、水気をしぼってからポリ袋に入れて捨てる。ふたのできる容器に入れて、涼しい場所に置く。においが出やすい魚のごみは、ごみ回収日まで冷凍庫や冷蔵庫の隅に保管しても。

リサイクルするパックやトレー類は、洗って乾かしてから、袋にまとめる。食品の汚れや汁が残っていると、回収日までの間に菌が増殖して不衛生。

キッチンの衛生 食中毒予防ポイント

食中毒の原因は細菌やウイルスです。食中毒予防の原則は菌を「つけない・殺す」。食品を買う・保管・調理の過程で注意を払いましょう。

1 運ぶときに汁気をつけない

食材はなるべく鮮度がよいものを必要量買う。食品の汁気がしみ出して菌が広がらないよう、肉や魚、そうざいなどはポリ袋に入れてから詰める。なるべく早く持ち帰る。

2 適温保存で菌を増やさない

家に持ち帰ったら、すばやく冷蔵庫などにしまう。冷蔵庫は詰めこみすぎないように。汁気が出るものはポリ袋に包んで入れる。

3 手をよく洗い、菌をつけない

調理の前や途中での手洗いを励行する(p.8)。食材は、一見きれいに見えても菌がついているので、必ず洗う。

4 肉や魚の菌をつけない

肉や魚の汁には菌が多いので、生食する野菜などにつかないようにする。肉や魚を切った包丁、まな板はそのつど洗剤で洗う。

5 室温放置で菌を増やさない

解凍のために、冷凍品を室温に放置しておくと、細菌が繁殖しやすいので避ける。調理中のもの、食卓の料理も放置しないように。

6 加熱で殺菌

食中毒を引き起こす菌の多くは、加熱で死滅する。食品中心部が75℃で1分以上がめやす(ノロウイルスは85~90℃で90秒以上)。

7 こまめに除菌

キッチンは清潔にして菌を増やさないようにし、熱湯消毒や漂白でこまめに除菌する(p.184~185)。

さ行

調理用語さくいん

● ベターホームのお料理教室

ベターホーム協会は1963年に創立。「心ゆたかな質の高い暮らし」をめざし、日本の家庭料理や暮らしの知恵を、生活者の立場から伝えています。活動の中心である「ベターホームのお料理教室」は全国で開催。毎日の食事作りに役立つ調理の知恵、健やかに快適に暮らすための知識などを、わかりやすく教えています。

〈お料理教室の問い合わせ / パンフレットのご請求〉
TEL 03-3407-0471
ホームページ http://www.betterhome.jp

料理研究 ● ベターホーム協会
撮　　影 ● 大井一範（石塚英夫・黒部徹・鈴木正美・松島均）
デザイン ● 熊澤正人・末元朝子（Power House）
校　　正 ● 武藤結子

新 ベターホームの お料理一年生

初版発行　2015年 9月 1日
5刷　　　2025年 2月10日
※ 1985年発行『ベターホームの お料理一年生』に加筆、修正しました。

編集・発行　ベターホーム協会
〒150-8363
東京都渋谷区渋谷 2-20-12
〈編　　集〉TEL 03-3407-0471
〈出版営業〉TEL 03-3407-4871
http://www.betterhome.jp

ISBN978-4-86586-015-3　乱丁・落丁はお取替えします。